Gerhard Sauerbrey
Logistisch denken

Gerhard Sauerbrey

LOGISTISCH DENKEN

Perspektiven für die Organisation von morgen

CIP-Titelaufnahme der Deutschen Bibliothek

Sauerbrey, Gerhard:
Logistisch denken: Perspektiven für die
Organisation von morgen / Gerhard
Sauerbrey. – Wiesbaden: Gabler, 1991
ISBN 978-3-322-84653-2   ISBN 978-3-322-84652-5 (eBook)
DOI 10.1007/978-3-322-84652-5

Der Gabler Verlag ist ein Unternehmen der Verlagsgruppe Bertelsmann International.

© Betriebswirtschaftlicher Verlag Dr. Th. Gabler GmbH, Wiesbaden 1991
Softcover reprint of the hardcover 1st edition 1991
Lektorat: Sibylle Frohns

Alle Rechte vorbehalten. Das Werk einschließlich aller seiner Teile ist urheberrechtlich geschützt. Jede Verwertung außerhalb der engen Grenzen des Urheberrechtsgesetzes ist ohne Zustimmung des Verlages unzulässig und strafbar. Das gilt insbesondere für Vervielfältigungen, Übersetzungen, Mikroverfilmungen und die Einspeicherung und Verarbeitung in elektronischen Systemen.

Umschlaggestaltung: Schrimpf und Partner, Wiesbaden
Satz: Publishing 2000, Angela Fromm, Idstein

ISBN 978-3-322-84653-2

Vorwort

Das vorliegende Buch ist der Versuch, die Zukunft der deutschen produzierenden Industrie dadurch sichern zu helfen, daß genau diese Produktion in Frage gestellt wird. Der Verfasser hat in zahlreichen Unternehmen die erdrückende Selbstverständlichkeit erlebt, mit der die Produktion als conditio sine qua non, ja gelegentlich als Mittelpunkt allen Geschehens behandelt wird, und daß infolgedessen die Offenheit für Veränderung Schaden nimmt.

Der Grundgedanke zur Erneuerung unserer Betriebe ist die Relativierung der Rolle der Produktion im Vergleich zu der des Engineering und der Logistik. Folgt man dieser Idee, so werden zahlreiche Phänomene erklärlich, die wir bisher mit Unverständnis zur Kenntnis nehmen mußten. Wir können die Schwierigkeit organisatorischer Veränderungen ebenso erläutern wie die Rückständigkeit vieler mittelständischer Betriebe bezüglich ihres Marktverhaltens. Wir sehen, daß Modernisierungskräfte in allen Betrieben schlummern, aber eine veraltete Organisation erfolgreich ihre Entfaltung verhindert. Wir erkennen die Bedeutung eines Zielsystems und der Kernkompetenz für die Unternehmenszukunft und sehen, wie Betriebe umgestaltet werden können.

Produktion – Engineering – Logistik sind die Ecken im magischen Dreieck der Organisation moderner Industriebetriebe; mit ihnen müssen wir uns auseinandersetzen, wenn wir langfristig den Anforderungen der Märkte genügen wollen.

Gerhard Sauerbrey

Inhalt

Vorwort 5

1. Teil: PEL – Einteilung des Industriezeitalters 11
   1.1 Definitionen 13
   1.2 Phasenmerkmale 14
       1.2.1 Produktionsphase 14
       1.2.2 Engineeringphase 16
       1.2.3 Logistikphase 18
   1.3 Gründe für Phasenwechsel 20
   1.4 Art, Dauer und Verlauf der Phasen 23
   1.5 Mikroökonomische Relevanz
       der Industrialisierungsphasen 27

2. Teil: Grundlagen der Organisationsentwicklung 29
   2.1 Organisation als Modell betrieblicher Wirklichkeit ... 31
   2.2 Organisatorische Einflußfaktoren 33
       2.2.1 Marktgeschehen 33
       2.2.2 Strategisches Zielsystem 34
       2.2.3 Interne Restriktionen 35
   2.3 Das Spiel organisationsgestaltender Kräfte 35
       2.3.1 Die Einflußkombination
             Marktgeschehen – Zielsystem 37
             2.3.1.1 M+ : Z+ komplementär (Marktbewußtsein) ... 38
             2.3.1.2 M+ : Z+ konkurrent (Paralyse) 38
             2.3.1.3 M+ : Z– komplementär (Marktnähe) 38
             2.3.1.4 M+ : Z– konkurrent (Lüge) 39
             2.3.1.5 M– : Z+ komplementär (Selbstbestimmung) ... 39
             2.3.1.6 M– : Z+ konkurrent (Utopia) 40
       2.3.2 Die Einflußkombination
             Marktgeschehen – interne Restriktionen 40
             2.3.2.1 Überraschungsphase 42
             2.3.2.2 Kampfphase 42
             2.3.2.3 Konfusionsphase 43
             2.3.2.4 Akzeptanzphase 44

2.3.3 Die Einflußkombination
Zielsystem – interne Restriktionen 45
    2.3.3.1   Retardierte Zielsysteme 45
    2.3.3.2   Progressive Zielsysteme 46
2.3.4 Das Zusammenspiel der Einflußfaktoren
Marktdynamik, Zielsystem und interne
Restriktionen bei der Organisationsgestaltung 47

3. Teil: Untersuchung der Marktkonformität betrieblicher Organisationen auf der Basis der PEL-Theorie 51

3.1 Modellansatz und die Bildung von Betriebsgrößenklassen 53
    3.1.1 Modellansatz 53
    3.1.2 Betriebsgrößenbildung 56
3.2 Darstellung betrieblicher Organisationen nach ihrer
PEL-Phasenkonformität 60
    3.2.1 Kleinbetriebe 60
        3.2.1.1   Produktorientierte Kleinbetriebe 60
        3.2.1.2   Produktionsorientierte Kleinbetriebe 63
    3.2.2 Mittelbetriebe 66
        3.2.2.1   Die Produktionsphasenkonformität 67
        3.2.2.1.1 Der organisatorische Grundaufbau 67
        3.2.2.1.2 Die Fertigungstiefe 70
        3.2.2.1.3 Die Dispositionslogik 72
        3.2.2.1.4 Die Kalkulationssystematik 73
        3.2.2.1.5 Die Make-or-buy-Entscheidung 74
        3.2.2.1.6 Das Entlohnungssystem 75
        3.2.2.1.7 Die Tabu-Themen 76
        3.2.2.2   Mangelnde Engineeringphasenkonformität . 80
        3.2.2.3   Fehlende Logistikkonformität 83
    3.2.3 Großbetriebe 87
        3.2.3.1   Neues Denken in der Produktion 88
        3.2.3.1.1 Bildung kleiner Einheiten 89
        3.2.3.1.2 Konzentration auf
Durchlaufzeitverkürzung 90
        3.2.3.1.3 Flexibilisierung durch Verringerung
der Fertigungstiefe 91

        3.2.3.2   Ansätze zur Reorganisation
des Engineering 92
        3.2.3.2.1 Projektorganisation 92
        3.2.3.2.2 Thematisierung des Serienanlaufs 93
        3.2.3.2.3 Imagewerbung für das Engineering 94
        3.2.3.3   Repräsentanz der Logistik 94
3.3 Ergebnisbeurteilung 96
     3.3.1 Grundmatrix der Organisationsgestaltung
für Kleinbetriebe 97
     3.3.2 Grundmatrix der Organisationsgestaltung
für Mittelbetriebe 98
     3.3.3 Grundmatrix der Organisationsgestaltung
für Großbetriebe 99

4. Teil: Moderne Organisationsentwicklung auf der Basis des PEL-Ansatzes 101

4.1 Definition des Zielsystems 103
     4.1.1 Marktkonformität von Zielsystemen 103
     4.1.2 Ausarbeitung des Zielsystems 105
4.2 Definition der Kernkompetenz 106
     4.2.1 Begriffsbestimmung 106
     4.2.2 Betriebliche Kernkompetenz unter dem Aspekt
des PEL-Ansatzes 107
        4.2.2.1   Ist-Analyse der Kernkompetenz 108
        4.2.2.1.1 Kernkompetenz in der Produktion 108
        4.2.2.1.2 Kernkompetenz im Engineering 109
        4.2.2.1.3 Kernkompetenz in der Logistik 111
        4.2.2.1.4 Gesamtbeurteilung
der Ist-Kernkompetenz 112
        4.2.2.2   Sollzustand der betrieblichen
Kernkompetenz 114
        4.2.2.2.1 Erhalt der bestehenden Kernkompetenz 115
        4.2.2.2.2 Ausbau der bestehenden Kernkompetenz 116
        4.2.2.2.3 Aufbau neuer Kernkompetenz 117
        4.2.2.2.4 Entwicklung von Kernkompetenz
unter Berücksichtigung
der PEL-Phasenbedeutung 119

4.3 Planung, Durchführung und Kontrolle von Reorganisations-
    maßnahmen auf der Basis des PEL-Ansatzes 120
    4.3.1 Planung von Reorganisationsmaßnahmen 120
        4.3.1.1 Langfristige Unternehmenszielsetzung
                als Grundlage der Organisationgestaltung 120
        4.3.1.2 Fristigkeit der Organisationsgestaltung 121
        4.3.1.3 Stufenplan der Reorganisation 122
        4.3.1.4 Planungsmethodik 124
    4.3.2 Durchführung 126
        4.3.2.1 Einhaltung des Stufenplanes 126
        4.3.2.2 Vorbereitungsgrad 126
        4.3.2.3 Persönliche Verantwortung
                für die Realisierung 127
        4.3.2.4 Reorganisations-Marketing 128
        4.3.2.5 Aufarbeitung der Veränderungen 128
4.4 Kontrolle 129
    4.4.1 Unmöglichkeit monetärer Kontrollen 129
    4.4.2 Kontrolle der PEL-Phasenausprägung 130
    4.4.3 Kontrolle der Wirkung interner Restriktionen 132
    4.4.4 Organisationskontrolle als Daueraufgabe
          der Geschäftsführung 133
4.5 Exkurs: Externe Beratung zur Unterstützung
    bei Reorganisationsmaßnahmen 134
    4.5.1 Gefahr und Chancen des Beratereinsatzes 134
    4.5.2 Beratung bei Reorganisationsmaßnahmen 136
        4.5.2.1 Beratung zur Zielfindung und Definition
                der Kernkompetenz 136
        4.5.2.2 Beratung zur Beschreibung
                der Zielorganisation 137
        4.5.2.3 Beratung zur Projekt-/Maßnahmen-
                definition 137
        4.5.2.4 Moderation der Projektplanung 138
        4.5.2.5 Fachliche Betreuung der Realisierung 139
        4.5.2.6 Beratung bei der Erfolgskontrolle 139
Stichwortverzeichnis 141

# 1. Teil:
PEL – Einteilung des Industriezeitalters

1.1 Definitionen

PEL steht als zusammenfassende Abkürzung der drei Begriffe
- Produktion,
- Engineering,
- Logistik.

Unter *Produktion* verstehen wir die geistige, manuelle und/oder maschinelle repetitive Erzeugung von Gütern und Dienstleistungen. Je größer die Wiederholhäufigkeit der Güter- und Dienstleistungserstellung ist, desto reiner ist die Produktion. Die erst- oder einmalige Herstellung eines Gutes oder einer Dienstleistung wird somit nicht als Produktion, sondern als kreativer Akt angesehen.

Dementsprechend fassen wir unter *Engineering* die kreativen Tätigkeiten – im Gegensatz zu den repetitiven – zusammen. Hierzu gehören Produktdesign, Konstruktion, Qualitätsplanung, Layoutgestaltung, Musterbau, technische Labors ebenso wie Rechts- und Unternehmensberatung, Marketing, Grundlagenforschung, strategische Planung und Organisationsentwicklung. Diese Aufzählung ließe sich fast beliebig erweitern, denn Sie umfaßt alle Arbeiten, die eine Veränderung bewirken. Damit sehen wir Engineering nicht eingeschränkt auf technische Belange, sondern generell als Synonym für kreatives Tätigwerden.

Logistik schließlich ist weder wiederholendes noch kreatives Handeln, sondern Koordinieren. Im Koordinieren finden sich sowohl kreative als auch repetitive Aspekte, und dennoch ist es eine Betätigung sui generis, weil sie aus sich heraus – ganz im Gegensatz zu den anderen – nichts leistet. Ihr Erfolg hängt von der Existenz der Produktion und/oder des Engineering ab, während diese ohne Koordination durchaus lebensfähig sind, wie das Beispiel des Handwerks zeigt. Wir verstehen unter Logistik alle Koordinationsaufgaben, unter dem industriellen Blickwinkel demnach die Koordination aller Produktionsfaktoren und der Produkterstellung und -distribution. Damit fallen unter Logistik in unserem Sinne außer der Materiallogistik auch die Personal-, Kapital- und Know-how-Logistik.

Wir teilen nun das Industriezeitalter in drei Phasen ein:

- Produktionsphase
- Engineeringphase
- Logistikphase

Wir sprechen immer dann von einer Phase, wenn über einen längeren Zeitraum, etwa fünf bis zehn Jahrzehnte oder sogar länger, die überwiegende Anzahl der Industriebetriebe in einer Volkswirtschaft oder einer mehrere Volkswirtschaften einschließenden Wirtschaftsregion den Tätigkeitsschwerpunkt im repetitiven Produzieren, kreativen Innovieren oder Koordinieren haben. Für West- und Mitteleuropa lassen sich diese Phasen, wie wir später sehen werden, recht eindeutig abgrenzen, nachdem wir uns deren typische Merkmale vor Augen geführt haben.

1.2 Phasenmerkmale

1.2.1 Produktionsphase

Die Produktionsphase ist stets geprägt von – oft intensiv – repetitiver Gütererstellung. Damit ist eines ihrer Kennzeichen die Serien-, Großserien- und Massenproduktion.

Intensiv-repetitive Produktion setzt zwangsläufig einen bestimmten Markttyp voraus, den Verkäufermarkt: Immer dann, wenn die Nachfrage das Angebot übersteigt, gibt es einen Marktdruck dergestalt, daß das bisher Produzierte in noch größeren Stückzahlen hergestellt werden soll.

Innovation ist auf Verkäufermärkten selten, wie wir am Beispiel der Staaten mit Zentralverwaltungswirtschaft und ihrer chronischen Unterversorgung sehen. Im Umkehrschluß bedeutet die geringe Innovationskraft lange Produktlebenszyklen, geringen konstruktiven und planerischen Aufwand und Konzentration auf die Gütererstellung im engeren Sinn. Nicht umsonst ist im Sozialismus der Arbeiter an der Maschine der Archetyp des Heros und nicht der Konstrukteur oder Arbeitsplaner.

Die Verkäufermarktsituation läßt indessen weitere Schlüsse zu: Nachfrage entsteht

- einerseits aus Massenkaufkraft und
- andererseits aus Bevölkerungswachstum.

Diese beiden Tatsachen sind von der Produktion nicht zu trennen. Die Geschichte der Industrialisierung zeigt, daß in wachsenden Populationen Massenkaufkraft nur durch die Beschäftigung wenigqualifizierter Bevölkerungsschichten erreicht werden kann. Das wiederum setzt voraus, daß der Arbeitsprozeß so organisiert ist, daß der einzelne ohne Vorbildung rasch eingearbeitet werden kann. Dies wurde durch sehr starke qualitative Arbeitsteilung erreicht, mit dem (Neben-)Effekt einer unvorstellbaren Rationalisierung, die ihrerseits zur Steigerung der Massenkaufkraft beigetragen hat. Daraus entsteht neue Nachfrage und eine Stützung der Verkäufermarktsituation, die wiederum die weitere Nutzung der arbeitsteiligen Produktion zur vermehrten Herstellung gleicher Produkte sichert.

Die aus der Arbeitsteiligkeit gewonnenen Rationalisierungserfolge und die geringe Mitarbeiterqualifikation haben zudem eine andere Entwicklung unwichtig bzw. unmöglich erscheinen lassen: den kombinierten Einsatz verschiedenartiger Technologien. Statt dessen finden wir in der Produktionsphase reinrassigen Technologieeinsatz in Verbindung mit laufend verstärkter Mechanisierung bis hin zur Automation.

Schon diese knappe Darstellung macht deutlich, wie stark die Strukturelemente in der Produktionsphase verzahnt und aufeinander abgestimmt sind. In solchen Zeiten entsteht die Vision von unbegrenzten Möglichkeiten, von der Hoffnung auf immerwährendes Wachstum und auch die des Kommunismus als eines Zustands totaler Rationalisierung, in dem Menschen nicht mehr arbeiten müssen (!) – aber auch nicht wollen. Gleichzeitig sorgt nämlich die Produktionsphase für die Entfremdung von Mensch und Arbeit, für den Haß auf die Eigner der verhaßten Produktionsstätten – ein Haß, der Grundeigentümern nie entgegengebracht wurde! – und für die Zerrüttung gewachsener Sozialstrukturen. In der Produktionsphase sind Produktion und Weltanschauung infolge der Dominanz und Integration der Produktion in alle sozialen Entwicklungen stark verwoben. Produktion ist gewissermaßen „natürlich".

Dennoch endet diese Phase und wird abgelöst von derjenigen des Engineering.

1.2.2 Engineeringphase

In Europa und Nordamerika tauchen Ende des 19. Jahrhunderts die Erfinder-Unternehmer auf: Siemens, Bosch, Benz, Edison, Nobel etc. Sie sind die ersten, die aus Ideen marktfähige Produkte machen und damit – ohne es zu wissen – den starren Verkäufermarkt aufbrechen. Es entsteht differenziertes Interesse an Massenprodukten. Doch dies ist nicht die entscheidende Veränderung. Grundlegend neu ist die Kombination von Physik und Chemie (Verbrennungsmotor), von Mechanik und Elektrik (der Elektromotor) etc. Es tauchen neue Werkstoffe auf wie Gummi, Kunststoffe, Sintermetalle, Keramik. Und schließlich entwickelt sich aus der Elektrik die Elektronik. Neue Produkte entstehen als komplexe Mischprodukte, und daraus wird der Geist unendlicher Gestaltungsvielfalt geboren. Der Idee, der Innovation werden Tür und Tor geöffnet, dem Erfinder bieten sich schier unbegrenzte Möglichkeiten, Neues und Vielgestaltiges zu formen.

Ingenieure entdecken eine Vielzahl neuer Arten der Oberflächenbehandlung, der Verbindungstechnik, der Toleranzeinengung, der Verbesserung physikalischer und chemischer Eigenschaften, der Bearbeitungsmöglichkeiten, der Einsatzfelder usw. Die industrielle Komplexität explodiert. Neuerungen folgen einander in immer kürzeren Abständen, die Lebensdauer bekannter Produkte sinkt. Gab es in der Vergangenheit Rationalisierungsmöglichkeiten in erster Linie infolge von Mengenausstoß, so finden sich jetzt neue in Form von Verfahrensänderungen und Werkstoffsubstitution: Die Wertanalyse wird geboren.

Mit diesen Veränderungen geht auch ein Wertewandel einher. Neben dem Meister im blauen oder grauen Kittel gewinnt der Konstrukteur im weißen Kittel Bedeutung; es entsteht die „White-collar-society", und wir können noch heute beobachten, daß diese Ingenieurswelt keine Weiterentwicklung der Produktionsgesellschaft ist, denn noch heute wird in diese „Klasse" nicht aufgestiegen, sondern seitlich eingestiegen. Der Erfinder als unberechenbarer Spinner erhält den Nimbus des Genies, dessen Ideen ganze Industriezweige revolutionieren können – von einer Evolution wird selten gesprochen.

Das Erstarken des Engineering führt im Bewußtsein der Industriegesellschaft zu einem Bruch, der – bis heute in den Unternehmen spürbar –

keineswegs auf diese begrenzt ist. Technologisches Wissen kann nicht abgeschottet werden, und damit entsteht eine weltweite Kommunikation. Märkte werden transparent und global, das gegenseitige Verstehen nimmt zu. Das Patentwesen gewinnt internationale Bedeutung, die Lizenzvergabe und -nahme nimmt ungeahnte Ausmaße an. Güter und Güterproduktion werden sich immer ähnlicher, geschützte oder gar abgeschottete Märkte immer lächerlicher. Der zeitliche und regionale Monopolismus verschwindet allmählich.

Diese Internationalisierung der Gütererstellung verstärkt das Angebot und stört damit eine Grundvoraussetzung der Produktionsphase: den Nachfrageüberhang. Doch damit nicht genug: die Nachfrage ihrerseits sinkt in den – kaufkräftigen – Industriestaaten durch

- Marktsättigung und
- stagnierende Bevölkerungsentwicklung.

Der in der Produktionsphase selbstverständliche Verkäufermarkt erlebt nach dem zweiten Weltkrieg ein letztes Hoch und geht danach langsam aber stetig in einen Käufermarkt über, auf dem es gilt, den Kunden differenziert zu umwerben. Daraus entsteht neuer Druck auf den Erfindungsreichtum der Engineeringabteilungen. Neue, reizvolle, intelligente, problemlösende Produkte werden benötigt, um die Marktposition zu halten. Diese Forderung ist die Geburtsstunde der Variante und der Kundenproduktion sowie einer rasanten Produktkomplizierung. Letztere wiederum zwingt aus Wirtschaftlichkeitsgründen zum verstärkten Einsatz internationaler Materialien und internationalen Know-hows: der Weltmarkt wird zur Tatsache.

Es ist augenfällig, daß in der Engineeringphase völlig andere Bedingungen gelten als in der Produktionsphase. Eine Gegenüberstellung mag dies nochmals verdeutlichen:

Produktionsphase		*Engineeringphase*
Marktproduktion	–	Kundenproduktion
Massenprodukte	–	Varianten/Einzelprodukte
geringe Produktkomplexität	–	hohe Produktkomplexität
lange Produktlebensdauer	–	kurze Produktlebensdauer
lange Innovationszyklen	–	kurze Innovationszyklen

Nachfrageüberhang	–	Angebotsüberhang
starre Produktions-organisation	–	flexible Produktionsorganisation
einfache Produktionsverfahren	–	komplexe Produktionsverfahren

Man ist geneigt, der Engineeringphase mit ihrer gewaltigen Dynamik Dauerhaftigkeit zu bescheinigen, zumal wir uns zur Zeit noch in ihr befinden und es uns schwerfällt, die Zukunft richtig einzuschätzen. Dennoch mehren sich die Anzeichen für die Ablösung dieser Phase durch ein Zeitalter der Koordination.

1.2.3 Logistikphase

Wir können heute beobachten, daß die Entwicklung hyperkomplexer Produkte wie etwa Weltraumfahrzeuge, Flugzeuge, kerntechnische Anlagen, aber auch schon Automobile und Kommunikationssysteme zunehmend Koordinationsprobleme verursachen. Während diese Tatsache für Zentralverwaltungswirtschaften längst bekannt ist, scheint sie nun auch für Marktwirtschaften mit ihren flexiblen (teil-)autonomen Regelsystemen Gültigkeit zu erhalten. Es drängt sich der Verdacht auf, daß die managebare Komplexität endlich ist. Immer mehr Technologieeinsatz führt zu Reibungsverlusten, Doppelentwicklungen, Einsatzfällen unausgereifter Verfahren und Produkte, unabsehbaren Kombinationseffekten etc. Technologie verliert langsam den Nimbus der Beherrschbarkeit.

Andererseits sind wir gezwungen, die Spielregeln der Weltmärkte zu befolgen. So müssen langfristig alle Produzenten dort einkaufen, wo sie ihre Leistungen absetzen und damit wesentlich intensiver international beschaffen als heute. Doch mit der Beschaffung allein ist es dabei nicht getan: Die Bestrebungen vieler Staaten, sich gegen wettbewerbsstörenden Import zu schützen, und die im Welthandel liegenden Währungsrisiken zwingen zunehmend zu einer dezentralisierten Produktion. Typische Beispiele für den erstgenannten Grund sind Brasilien und die USA, für letzteren wiederum die USA, aber auch Spanien, Frankreich und Italien.

Diese Regionalisierung der Produktion stellt eine logistische Herausforderung erster Größenordnung dar: Nicht allein die – neue – regionale

Beschaffungsaufgabe ist zu lösen, vielmehr ist zunächst zu klären, was wo produziert werden soll. Die naheliegende Lösung, überall alles zu machen, ist in den meisten Fällen unwirtschaftlich; die Alternative hochgradiger Spezialisierung führt zu einem exorbitanten Materialtourismus, zu Qualitätsproblemen und zu Lieferzeitschwierigkeiten. Dazu kommt die Thematik des Know-how-Transfers, der Beschaffung qualifizierter Arbeitskräfte (siehe das VW-Engagement in USA), Devisenbewirtschaftung, Kompensationsproblematik usw. usw.

Ein weiterer Schub in Richtung Produktionsregionalisierung ist im Gefolge verkürzter Lieferzeiten zu erwarten. Automobilhersteller erwarten die Ansiedlung bestimmter Zulieferbetriebe in ihrer Nähe, und serviceintensive Branchen müssen ohnehin kurze Kommunikationswege zu ihren Kunden aufweisen.

Schließlich dürfen wir – gerade in einem schrankenlosen Europa – neonationalistische Wirtschaftstendenzen dergestalt erwarten, daß „achetez français", „buy british" etc. mehr Bedeutung erlangen und die Hersteller zur nationalen Produktion zwingen werden.

Auch die Veränderung der Innovationszyklen stellt die Logistik vor neue Aufgaben: Je kürzer die Produktlebenszyklen und je zahlreicher die Varianten werden, desto gefährdeter ist die Verwendbarkeit großer Bestände. Dies gilt in großem Maße für Fertigprodukte, inzwischen mit steigender Tendenz aber auch für Kaufteile, Halbzeug und Halbfabrikate. Just-in-Time-Belieferung und -Produktion werden immer wichtiger; doch damit diese Form der Materialwirtschaft auch wirklich funktioniert, müssen an zahlreichen Stellen heutige Vorgehensweisen überwunden werden.

Im Zuge der stagnierenden bzw. rückläufigen Bevölkerungsentwicklung taucht schließlich ein völlig neues logistisches Problem auf: Wie kann ausreichend Know-how-Kapazität beschafft werden? Diese Frage stellt sich sowohl für permanenten Kapazitätsbedarf (Personalbeschaffung) als auch für temporären Kapazitätsbedarf, etwa den Einsatz von Beratern, Leiharbeitern, Engineeringfirmen etc.

Besteht in der Engineeringphase die zentrale Aufgabe in der inhaltlich effizienten Nutzung technischer Möglichkeiten, so wandelt sie sich in der Logistikphase dergestalt, daß zunächst die Beschaffung und Koordination ein Problem darstellen und dieses bewältigt werden muß, *bevor* über die sinnvolle Nutzung überhaupt nachgedacht werden kann. Auf den kleinsten Nenner gebracht heißt das, daß die Logistikphase die Antwort auf die in der Engineeringphase verursachte – und nicht mehr beherrschte – Differenzierung ist.

1.3 Gründe für Phasenwechsel

Sowohl das Vorhandensein eines ungewollten Durcheinanders als auch das Auftauchen der Erfinder-Unternehmer sind keine ausreichende Begründung für einen Phasenwechsel. Eine so weitreichende Veränderung muß sich auf breitere Ursachen abstützen, denen wir an dieser Stelle zur Verdeutlichung unseres Ansatzes nachgehen wollen.

Eine Verhaltensänderung ist im Regelfall die Reaktion auf Mißerfolg, d. h. die permanente Wiederholung eingeübter Praktiken stößt auf zunehmenden Widerstand oder unterliegt gar anderen Vorgehensweisen. Im Wirtschaftsleben heißt das, daß andere Handlungsalternativen effizienter sind und damit

– entweder bei gleichem Mitteleinsatz zu besseren Ergebnissen führen (Ergiebigkeitsprinzip)
– oder das gleiche Ergebnis mit geringerem Mitteleinsatz erreichen lassen (Sparsamkeitsprizip).

Beide Ansätze stellen einen Rationalisierungsfortschritt dar. Nun liegt die Vermutung nahe, daß Rationalisierungserfolge aus *einem* Handlungsansatz laufend abnehmen und damit die Gesamtrationalisierungskurve verläuft, wie Abbildung 1 zeigt.

Wir haben vorne gesehen, daß Industrialisierungsphasen, allen voran die Produktionsphase, sehr gut gesellschaftlich integriert sind und damit eine sozioökonomische Grundhaltung fördern, an der das wirtschaftliche Verhalten gemessen wird. Diese Homogenität lenkt auch unsere Vorstellungen vom Rationalisierungspotential, und zwar auf den Schwerpunkt der jeweiligen Phase, also zunächst die Produktion, später das Engineering und zuletzt die Logistik. In der Produktionsphase muß demnach der Abflachungseffekt stattfinden, auch wenn die Rationalisierungsanstren-

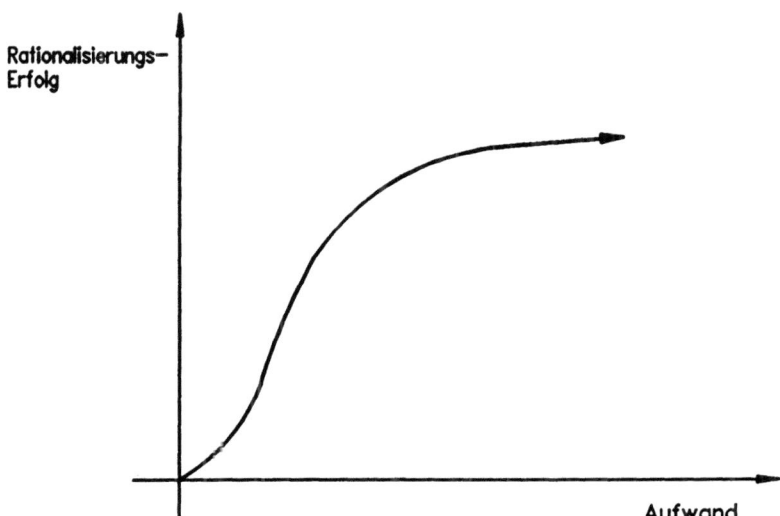

Abbildung 1: Gesamtrationalisierungskurve (1)

gungen laufend zunehmen: Mehr des *bisherigen* Einsatzes bringt eben irgendwann keinen zusätzlichen Erfolg. An dieser Stelle bedarf es des berühmten Quantensprungs, also des Verlassens eingefahrener Bahnen. Dieser Sprung erfolgte mit dem breiten Einsatz des Engineering, und die daraus erzielbaren Erfolge versetzen jeden in Staunen, der die zuletzt erreichten Margen der Produktionsphase vor Augen hat: Man denke nur an die Rationalisierungspotentiale der Halbleitertechnologie oder moderner Werkstoffe.

Doch auch diese Potentiale werden sich erschöpfen, in Reibungsverlusten ersticken oder Widerstand durch ihre Realisierung erzeugen. So können wir heute beobachten, daß viele technische Leistungen parallel erbracht werden, weil zu wenig Koordination stattfindet, daß Know-how der Engpaßfaktor auch für die gesamtwirtschaftliche Entwicklung wird und daß Unternehmen mit dem Anlauf neuer Produkte oft geradezu irrwitzige Probleme haben. Ein neuer Quantensprung ist nötig, um neue große Rationalisierungspotentiale zu erschließen: Koordination. Auch ihre Kraft wird mit der Zeit erlahmen, doch zunächst schlummern hier gigantische Reserven.

Die Ursache für die Ablösung einer Phase ist das Versiegen des Rationalisierungspotentials, und damit gilt eine neue Gesamtrationalisierungskurve (Abbildung 2).

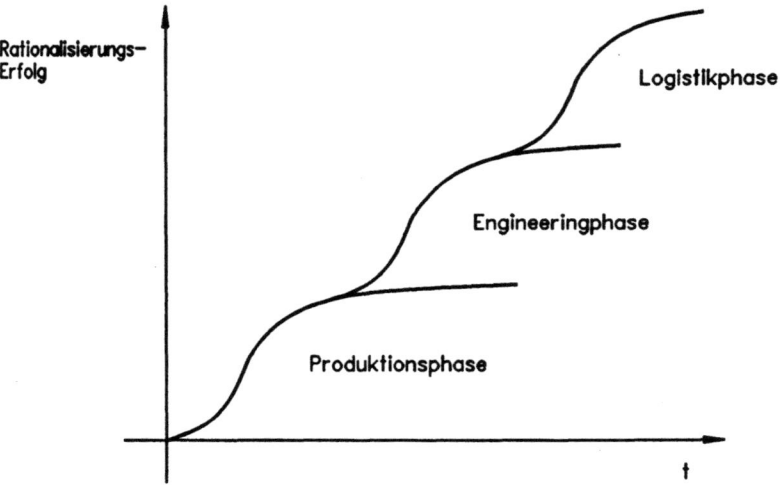

Abbildung 2: Gesamtrationalisierungskurve (2)

Wahrscheinlich wird die Suche nach neuen Quellen der Rationalisierung eines Tages zur Überwindung der Logistikphase führen, auch wenn heute weder Zeitpunkt noch Inhalt dieses Wechsels absehbar sind. Was wir indessen vermuten dürfen, ist etwa nach dem Jahr 2050 eine intensive Neoregionalisierung, eine, wie oben angedeutet, freiwillige Beschränkung industriellen Engagements auf Weltgegenden bei weitgehendem Verzicht auf Interregionenaustausch. Im Gefolge dieser Entwicklung dürfen wir neues regionales Kulturbewußtsein erwarten und dadurch hervorgerufen auch eine Reduzierung des geistigen Austausches.

Zudem sollte damit gerechnet werden, daß diese Groß-Regionalisierung eine Regionalisierung im kleinen nach sich zieht, daß Nationen, ethnische und sprachliche Einheiten erneut ihre Zusammengehörigkeit entdekken und versuchen werden, ihre – ohnehin weitgehend gesättigten – Bedürfnisse nach Gütern aus der Kleinregion zu befriedigen. Diese

Entwicklung dürfte rasant beschleunigt werden durch ökologische Notwendigkeiten. Möglicherweise bedeutet dies insgesamt ein Ende des Zeitalters der Industrialisierung, nach dem eine Epoche geringerer Dynamik verbunden mit einer stark hedonistischen Grundhaltung gerade in den – ehemaligen – Industrie- und Logistikzentren kommen könnte.

1.4 Art, Dauer und Verlauf der Phasen

In (West-)Europa zeigen die drei Phasen des Industriezeitalters etwa den in Abbildung 3 dargestellten Verlauf.

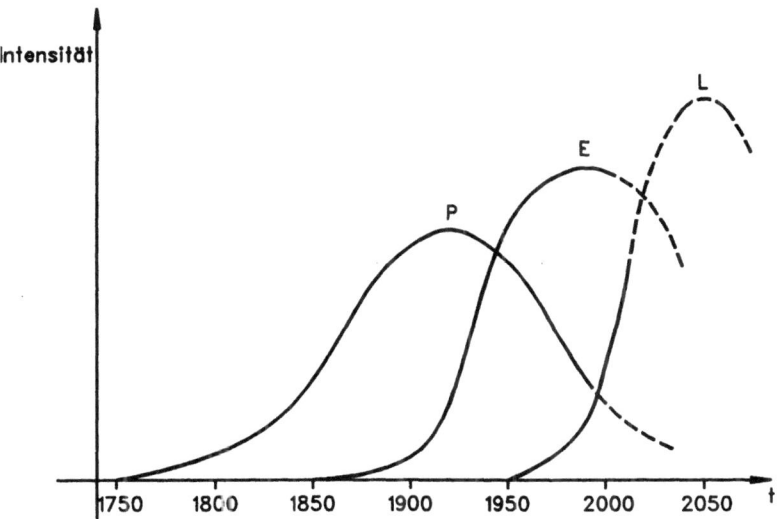

Abbildung 3: Phasen des Industriezeitalters in (West-)Europa

Es ist auffällig, daß der Start der Phasen jeweils ca. 100 Jahre auseinanderliegt, ihr Verlauf sich jedoch deutlich unterscheidet. So übersteigt offensichtlich jede Phase die vorausgehende in ihrer Wirkung auf die Gesellschaft, was jedoch leicht erklärbar ist: Die in den Phasen beherrschte Komplexität der Güter- und Dienstleistungserstellung und -verteilung nimmt zu, jede Phase ist in der Lage, die Potentiale der vorausgegangenen weiter zu nutzen und neue hinzuzufügen, also additive Leistungen anzubieten.

Weiterhin dürfen wir annehmen, daß die Kurven der einzelnen Phasen in etwa der Gauß'schen Verteilung ähneln, d. h. die Wirkung/Intensität im Hochlauf derjenigen des Niedergangs im Zeitverlauf entspricht. Das heißt nichts anderes, als daß eine langsam sich entwickelnde Phase auch nur langsam abklingen kann, etwa weil sie tiefer im gesellschaftlichen Bewußtsein verwurzelt ist. Dieses Phänomen und seine Auswirkungen werden wir bei der mikroökonomischen Betrachtung noch ausgiebig beobachten können. Dabei ist es zudem wichtig, sich zu vergegenwärtigen, daß der Phasenverlauf in den großen industrialisierten Zonen der Erde keineswegs gleich oder auch nur ähnlich ist.

Für Nordamerika ergibt sich ein vom europäischen durchaus verschiedenes Bild, und auch Japan zeigt einen völlig andersartigen Phasenverlauf.

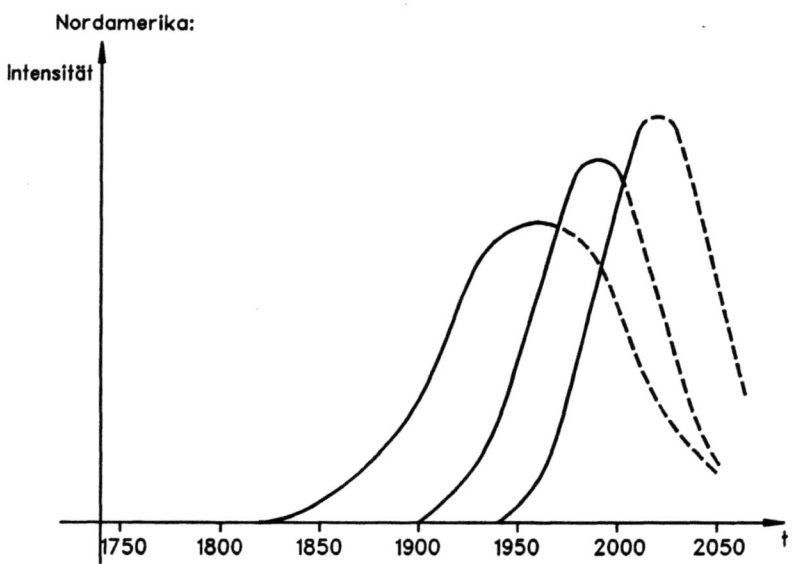

Abbildung 4: Phasen des Industriezeitalters in Nordamerika

Während in Nordamerika, speziell selbstverständlich in den USA, zeitverschoben (+ 50 Jahre) die Produktionsphase begann – wobei der Unabhängigkeitskrieg und der Sezessionskrieg eine wichtige Rolle spielten – in ihrem Verlauf jedoch der in Europa ähnelt, hat Japan – aufgezwungen durch die gewaltsame amerikanische Öffnungspolitik in der Mitte des vorigen Jahrhunderts – einen rasanten Hochlauf dieser ersten Phase erlebt, der jedoch zu einem andersgearteten Bewußtsein der Bevölkerung führen mußte (Abbildung 4 und 5).

Die Amerikaner leiden noch heute unter dem Zeitversatz und der damit nur langsam abklingenden Produktionsphase, die durch lange Zeit wirkende Verkäufermärkte gestützt wurde und die gebotene Entfaltung der Engineeringphase so lange behindern konnte, bis die USA in weiten Bereichen der Industrie von Westeuropa und sogar Japan überflügelt wurden. Auch heute noch kann in der US-Industrie der tief verwurzelte Hang zur Massenproduktion beobachtet werden, ebenso wie die Unfähigkeit zum Eingehen auf Kundenwünsche oder zu technisch interessan-

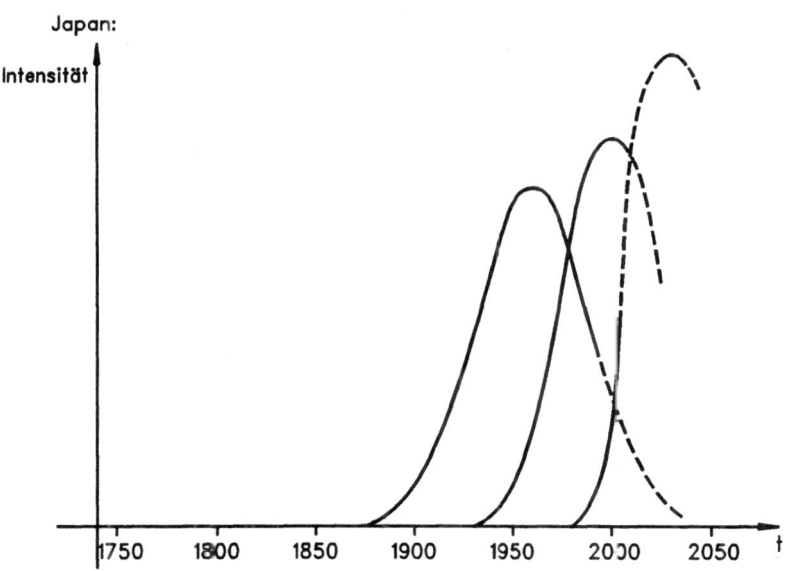

Abbildung 5: Phasen des Industriezeitalters in Japan

ten oder innovativen Problemlösungen. Ausnahmen bilden dabei nur gezielt geförderte – und für die Rüstungsindustrie relevante – Branchen wie Elektronik und Luft- und Raumfahrt.

Andererseits hat dieses Verhalten die Amerikaner regelrecht dazu gezwungen, schneller als die Europäer ihre logistischen Systeme zu entwickeln, um der Industrieabwanderung eine moderne wirtschaftliche Kraft entgegensetzen zu können.

In Japan dagegen hat die Produktionsphase und -tradition nie die Rolle wie in Europa und Nordamerika gespielt, und so ist es dieser Nation leicht gefallen, die zunächst kopierten Engineeringaktivitäten rasch autonom zu entwickeln und diesen ebenso zügig die Produktion unterzuordnen. Da auch diesbezüglich keine tiefe gesellschaftliche Verflechtung – wie etwa in Deutschland – besteht, dürfen wir vermuten, daß Japan auch in der Logistikphase in kürzester Zeit Spitzenleistungen vollbringen wird, weil logistische Notwendigkeiten und Chancen kaum durch Retardierungseffekte aus der Engineeringphase behindert werden dürften.

Sehen wir uns diese Unterschiede zwischen den industrialisierten Zonen an einem einfachen Beispiel an: Weil in der deutschen Industrie die Produktion regelrecht geliebt(!) wird, entwickeln wir Verständnis dafür, daß sich gegen Verfahrens- oder Produktinnovation Widerstände formieren, die etwa einen neuen Serienanlauf oft zu einem haarsträubenden Akt des Durcheinanders werden lassen. In Japan sind diese Rücksichten auf die Produktion weitgehend unbekannt, und Innovationen vollziehen sich mit weitaus weniger Reibungsverlusten. In den USA schließlich wird die Produktinnovation überhaupt in Frage gestellt.

Es ist hier nicht der Ort, andere volkswirtschaftliche und soziale Aspekte der Phaseneinteilung des Industriezeitalters zu beleuchten, obwohl dies sicherlich sehr reizvoll wäre, man denke nur an Bildungssysteme, Welthandel, Politik etc. Statt dessen wollen wir uns den mikroökonomischen Ausprägungen zuwenden und im weiteren Verlauf dieser Abhandlung den Versuch wagen, die Qualität von betrieblichen Organisationen an der Phasenkonformität zu messen. Zuvor muß jedoch kurz die mikroökonomische Relevanz der Phaseneinteilung beleuchtet werden.

1.5 Mikroökonomische Relevanz der Industrialisierungsphasen

Keine Volkswirtschaft existiert losgelöst von den sie bildenden Zellen, sprich Betrieben; sie ist vielmehr das Integral über alle Betriebe. In diesen spielen sich die Veränderungen ab, die wir dann summarisch beobachten können. So ist es also nicht die Volkswirtschaft als Einheit, die den Übergang von einer Industrialisierungsphase zur nächsten bewerkstelligt, sondern es sind die Betriebe, die diese Veränderungen initiieren und realisieren. Die Betriebe tun dies nicht aus einer gesamtwirtschaftlichen Einsicht heraus, sondern im Umsetzen einer direkt empfundenen Notwendigkeit. Der Hintergrund dazu sind Marktveränderungen, die ein Beharren auf der bisherigen Handlungsweise als wenig sinnvoll erscheinen lassen. Marktveränderungen ihrerseits entstehen immer dann, wenn das bisherige Gleichgewicht von Angebot und Nachfrage gestört wird. Auf beide Größen aber haben die Betriebe selbst Einfluß, so daß wir annehmen dürfen, daß sie selbst die Marktveränderungen mitbewirken, wenngleich dies meist unbewußt oder ungewollt geschieht. Daraus können wir folgern, daß auch die Bedeutungsverschiebung der Industrialisierungsphasen maßgeblich von den Betrieben beeinflußt und nicht nur ausgeführt wird.

Die aktive Einflußnahme auf Phasenveränderungen durch die Betriebe ist indessen ein ungeklärtes Phänomen. Warum setzen sich neue Ideen gleichzeitig oder fast gleichzeitig in einer Vielzahl von Branchen und Betrieben durch und verändern Märkte und Industrialisierungsphasen, obwohl sie im vorherigen Zustand durchweg auskömmlich existierten? Ist der Ehrgeiz von – in ihrer Existenz gefährdeten – Grenzbetrieben der Auslöser für eine Änderung des Breitenbewußtseins (siehe 1.3.)? Ist ein stabiler, eingeschwungener Zustand eine Herausforderung gerade an die besonders Erfolgreichen, Alternativen zu erproben? Existiert in unserer Industriegesellschaft eine Dynamikneurose, die in jeder Beharrung oder in einem Verzicht auf Wachstum – sprich Veränderung – ein Krankheitssymptom sieht? Kann gar unser Wirtschaftssystem nur mit permanentem Wachstum existieren? Ist die dauernd (!) sich ändernde Intensität der Phasenausprägung ein Gesetz der Industrialisierung oder Zufall?

Wir können als direkt Betroffene diese Fragen nicht objektiv beantworten und wollen uns mit der Feststellung begnügen, daß alle Betriebe einer Volkswirtschaft in die Phasenveränderungen eingebunden sind, sie mitgestalten und von ihnen verändert werden.

Es liegt nun die Vermutung nahe, daß das Geschick, mit dem ein Betrieb mit der aktuellen Phasenmischung umzugehen versteht, erheblichen Einfluß auf seinen Erfolg hat. Dieses Geschick spiegelt sich in der Organisation des Betriebes als Ausdruck der Grundhaltung der Führungsspitze wider, weswegen wir uns im dritten Teil dieses Buches die Phasenkonformität der Organisationen genauer ansehen wollen. Zunächst jedoch ist es erforderlich zu beleuchten, wie sich Organisationen überhaupt ändern.

2. Teil:
Grundlagen der Organisationsentwicklung

2.1 Organisation als Modell betrieblicher Wirklichkeit

In der Organisation von Wirtschaftsunternehmen sollen die Schwerpunkte des Betätigungsfeldes widergespiegelt werden. So ist es selbstverständlich, daß ein herstellendes Unternehmen einen Bereich „Produktion" hat, ein exportorientiertes eine Abteilung „Export", ein einseitig auf den Kunden XYZ ausgerichtetes Unternehmen eine Vertriebsgruppe „XYZ" und eine Messegesellschaft eine Abteilung „Öffentlichkeitsarbeit". Diese Repräsentanz existentieller Schwerpunkte in der Organisation ist grundsätzlich überall vorzufinden, und es kann gut beobachtet werden, wie mit einem zeitlichen Versatz von ca. acht bis 20 Jahren nahezu alle Unternehmen die realen Veränderungen in ihrer Organisation nachfahren.

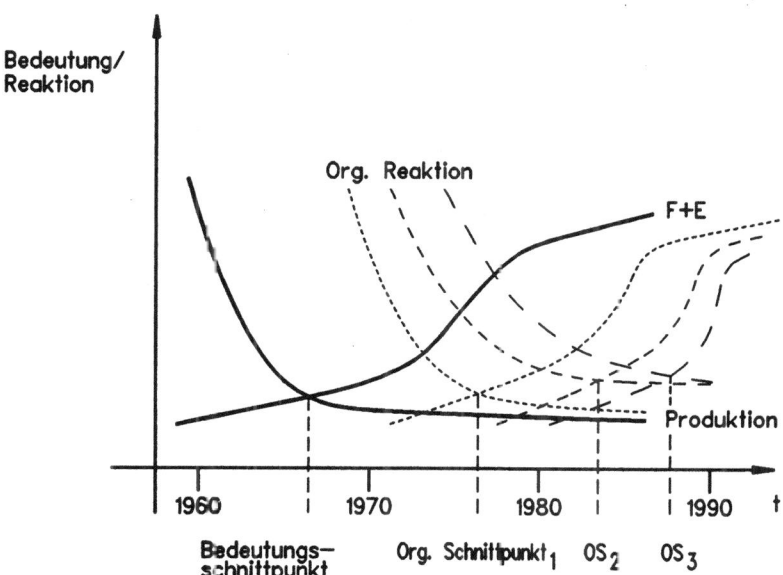

Abbildung 6: Bedeutungsverschiebung von der Produktion zur Konstruktion/ Entwicklung

Stark vereinfacht gilt für die Bedeutungsverschiebung von der Produktion zur Konstruktion/Entwicklung die in Abbildung 6 dargestellte Reaktionskurvenschar.

Der zeitliche Versatz ist abhängig von der Unternehmensgröße, dem Produktprogramm, der Marktsituation und ähnlichem. Beispielsweise werden Veränderungen zuerst in Großunternehmen diskutiert, jedoch nur sehr langsam realisiert, wohingegen mittelständische Betriebe ohne große Vorbereitung oft intuitiv und rasch umorganisieren, nachdem sie – später als Großunternehmen – die Problematik erkannt haben.

Wir dürfen annehmen, daß die eben angesprochene Erkenntnis eines organisatorischen Handlungsbedarfs kein diskretes Ereignis, sondern eher ein langsam reifender gefühlsmäßiger Lernprozeß ist, der letztendlich in einer „Erkenntnis", oft nur in Form des Auftauchens eines geeigneten Begriffes, gipfelt.

Diese allmählichen Veränderungen enden zwar in einem Akt der Reorganisation und finden damit für den oberflächlichen Betrachter sehr plötzlich statt, in Wirklichkeit jedoch hat der Veränderungsprozeß lange vor diesem Zeitpunkt begonnen und wird nun lediglich offiziell nachvollzogen. Wenn Organisationen nach den bisherigen Ausführungen ein Abbild der Umfeldrealitäten sind, so können daraus zwei äußerst wichtige Hypothesen abgeleitet werden:

1. Organisationen können nicht willkürlich gestaltet werden, sondern leben und entwickeln sich in ihrem Umfeld in enger Wechselbeziehung mit diesem.
2. Es gibt keine Organisation, die für ein zukünftiges Umfeld ideal ist.

Die erste Hypothese besagt, daß Organisationen insofern ein Eigenleben führen, als sie infolge der ständigen Berührung mit einer sich ändernden Umwelt automatisch einen inhaltlichen Wandel vollziehen, obwohl eine sichtbare oder sanktionierte Anpassung noch aussteht. Starre tatsächliche Organisationen sind demnach in einer dynamischen Umwelt gar nicht möglich. Diese Aussage erklärt auch sehr schön den unterschiedlich großen Improvisationsbedarf in Organisationen: Improvisation ist der Ausgleich zwischen tatsächlicher und offizieller Organisation. Je größer er ist, desto drängender steht eine sichtbare Reorganisation an (Abbildung 7).

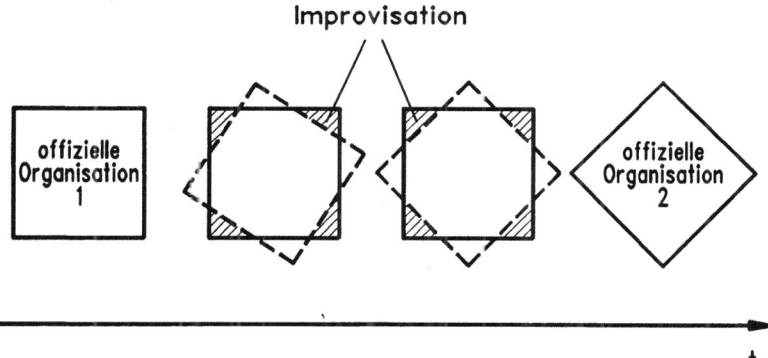

Abbildung 7: Übereinstimmung von offizieller und tatsächlicher Organisation

Die zweite Hypothese leitet sich aus der ersten ab. Wenn die offizielle Organisation grundsätzlich eine sanktionierte reale Organisation ist, kann sie keine zukünftig richtige sein, es sei denn, daß sofort Improvisation mit eingebaut wird, die in diesem Fall den Ausgleich „nach vorne" bewerkstelligt. Dies darf jedoch als großes Problem und als Widerspruch zu den Grundlagen der Organisationstheorie angesehen werden; die damit angesprochene Problematik wird uns später noch beschäftigen.

2.2 Organisatorische Einflußfaktoren

2.2.1 Marktgeschehen

Wir haben oben gesehen, daß Umweltveränderungen zwangsläufig einen Niederschlag in der realen betrieblichen Organisation finden. Damit ist der Markt oder das Marktgeschehen ein wichtiger organisatorischer Einflußfaktor.

Wie wir gleich sehen werden, kann dieser Faktor allein nur unter bestimmten Bedingungen organisationsterminierend sein. Überließe man die organisatorische Entwicklung den Markteinflüssen, so entstünde langfristig ein getreues Marktabbild, dessen große Vorteile, nämlich

- überragende Reaktionsfähigkeit,
- geringe Reibungsverluste und
- große Überlebenschancen

mit dem Preis eines vollständigen Verzichts auf die Verfolgung eigener Ziele erkauft würden. Zudem ist diese Vorgehensweise nur bei kleinen Organisationen möglich, wie die folgende Metapher zeigt.

Statt um einen Frachter, der konsequent seinen Weg zum Zielhafen verfolgt, handelt es sich bei der marktkonformen Organisation um ein Holzschiffchen, das sich vollständig dem Wellenspiel anpaßt und Wind und Wetter seinen Weg überläßt. Solange es klein ist und sich ziellos bewegt, ist es unsinkbar. Ab einer gewissen Größe ist die Holzschiffchenpolitik nicht mehr praktikabel, weil allein die Massenträgheit die erforderliche Reaktionsgeschwindigkeit verhindert; dann muß die Organisation durch andere Einflußgrößen mitgeprägt werden.

2.2.2 Strategisches Zielsystem

Grundsätzlich liegt der Bildung jeder Organisation ein mit ihrer Hilfe zu verfolgendes Ziel zugrunde. Dabei handelt es sich meist nicht um ein singuläres Ziel, sondern eher um ein Zielbündel oder Zielsystem.

Dieses Zielsystem, das zumindest für einen Zehn-Jahres-Zeitraum Gültigkeit haben muß, prägt selbstverständlich auch die Aufbau- und Ablauforganisation. Diese Prägung erfolgt bei jeder Umformulierung des Zielsystems von neuem und beeinflußt die Organisation über einen einmaligen Impuls, der nachwirkt.

Die genannte Nachwirkung hängt davon ab,

- wie eindeutig und widerspruchsfrei das Zielsystem formuliert ist,
- wie gut die Organisationsmitglieder sich mit dem Zielsystem identifizieren können und
- wie konsequent die Geschäftsführung zielkonform handelt.

Unternehmensziele können die Organisation nicht ausreichend mitgestalten, wenn sie in der Organisation zu wenig bekannt sind, oft geändert oder lax verfolgt werden oder wenn sie in klarem Widerspruch zu den Realitäten des betrieblichen Umfelds stehen.

2.2.3 Interne Restriktionen

Abgesehen vom erstmaligen Gestalten einer Organisation trifft der Änderungswille stets auf ein Bündel von Tatsachen, die allein aufgrund ihrer Existenz einen Einflußfaktor darstellen. Anders ausgedrückt: Organisationen sind träge. Das Ausmaß der Trägheit hängt ab von

- der Größe der Organisation („Massenträgheit"),
- dem Alter der bisherigen Struktur,
- den Sicherungsmechanismen der Organisationselemente und
- der wirtschaftlichen Dynamik der Volkswirtschaft.

Die Beharrungskräfte sind im allgemeinen groß, möglicherweise gestärkt durch die Angst vieler Menschen vor allen Veränderungen. Daher sind tatsächlich weitreichende organisatorische Veränderungen – im Gegensatz zu formalen Änderungen auf dem Papier – mit gewaltigem Aufwand verbunden und kurzfristig nicht durchsetzbar.

Wenngleich so gesehen die internen Restriktionen von Nachteil sind, so dürfen wir doch einen Vorteil darin sehen, daß Neuerungen sich gegen die Beharrungskräfte durchsetzen müssen und in diesem Prozeß ihre Qualität beweisen. Dies gilt nicht nur in sachlicher Hinsicht, sondern insbesondere in menschlicher und trägt dazu bei, daß die Organisation und ihre Mitglieder in einer tendenziellen Übereinstimmung sind. Letzteres ist auch dadurch zu belegen, daß verschiedene (wirtschaftliche) Organisationen verschiedene Mitarbeitertypen anziehen oder abstoßen.

2.3 Das Spiel organisationsgestaltender Kräfte

Im wesentlichen sind es drei Kräfte, die den organisatorischen Gestaltungsprozeß beeinflussen:

- das Marktgeschehen (M)
- das unternehmerische Zielsystem (Z)
- die internen Restriktionen (R)

Vom Zusammenspiel dieser Kräfte hängt das Ergebnis, also die tatsächliche – und in deren Gefolge die offizielle – Organisation ab. Mit den Möglichkeiten, die in diesem Gestaltungsprozeß enthalten sind, wollen wir uns nun kurz beschäftigen.

Insgesamt existiert ein organisationsgestaltendes Beziehungssystem in Form eines Dreiecks (Abbildung 8).

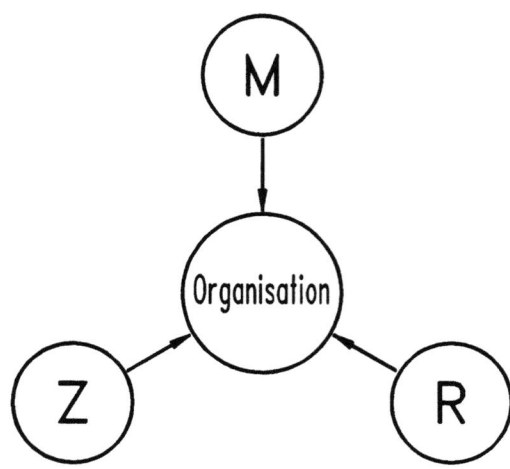

Abbildung 8: Organisatorische Bestimmungsgrößen

Als Impulse in der Organisation treten die Einflußgrößen isoliert, wie oben skizziert, auf oder in kombinierter Form. An kombinierten Einflüssen sind möglich:

- M - Z
- M - R
- Z - R
- M - Z - R

Die Wirkungen kombiniert auftretender Einflüsse werden im folgenden beschrieben.

2.3.1 Die Einflußkombination Marktgeschehen – Zielsystem

Bei den Einflußfaktoren „M" und „Z" ist zunächst ihre Ausprägung zu beachten. Möglich sind dabei folgende Kombinationen hinsichtlich Stärke (+) und Schwäche (–):

- M + : Z +
- M + : Z –
- M – : Z +
- M – : Z –

Zudem interessiert, ob M und Z

– komplementär,
– konkurrierend oder
– unabhängig

sind. Von Komplementarität soll immer dann gesprochen werden, wenn das Marktgeschehen im Zielsystem eine Entsprechung findet, von Konkurrenz, wenn die Trends des Marktgeschehens dem Zielsystem widersprechen. Unabhängigkeit bedeute gegenseitige Einflußlosigkeit und kann im folgenden vernachlässigt werden.

An Wirkungskombinationen gibt es folglich:

- M + : Z + komplementär
- M + : Z + konkurrierend
- M + : Z – komplementär
- M + : Z – konkurrierend
- M – : Z + komplementär
- M – : Z + konkurrierend
- M – : Z – komplementär
- M – : Z – konkurrierend

Sehen wir von den wirkungsarmen letzten beiden Möglichkeiten ab, so gibt es sechs typische Wirkungskombinationen, die organisatorisch relevant sind.

2.3.1.1 M + : Z + komplementär (Marktbewußtsein)

Marktgeschehen und Zielsystem entwickeln sich konform, ihre Wirkung auf die Organisation ist widerspruchsfrei. Änderungsimpulse aus dem Markt werden vom Zielsystem unterstützt und dadurch verstärkt. Organisationen, die sich in einer solchen Situation befinden, reagieren sensibel auf den Markt, erkennen dessen Bedeutung an und entwickeln einen ausgeprägten Dienstleistungscharakter. In diesem Umfeld läuft keine Organisation Gefahr zu erstarren; vielmehr ist kontrollierte Dynamik erwünscht, Sensibilität gefordert und Reaktionsfähigkeit Pflicht.

Die Organisation stellt sich am Markt kundenbewußt und zielstrebig dar und wird als Faktor mit eigenem Selbstverständnis akzeptiert. Die Organisation ist änderungsfähig und dennoch ausgeglichen. In dieser Einflußkombination haben wir einen Idealfall vor uns.

2.3.1.2 M + : Z + konkurrierend (Paralyse)

Die Forderungen des Marktes und die Vorstellungen des Zielsystems widersprechen sich. Die formale Organisation muß das Zielsystem widerspiegeln und entspricht damit kaum noch dem dynamischen Marktgeschehen. Die Organisation wird in ein Schisma getrieben, das auch leistungsfähige Improvisation nur kurze Zeit überbrücken kann. Die Organisationsmitglieder versuchen vorübergehend ein Eintreten für die Belange des Marktes, werden jedoch meist mittels Sanktionen zur Linientreue und damit faktisch zur Apathie gezwungen. Es findet damit regelrecht ein Machtkampf um die Gestaltung der Organisation statt, den diese letztlich verlieren muß.

Erfreulicherweise ist diese Konstellation selten, und in den beobachteten Fällen wird üblicherweise nach den ersten größeren Mißerfolgen das Zielsystem abgeschwächt oder korrigiert.

2.3.1.3 M + : Z – komplementär (Marktnähe)

Starken organisatorischen Impulsen seitens des Marktes steht in dieser Konstellation ein schwach entwickeltes Zielsystem gegenüber. Weil beide Faktoren gleichgerichtete Veränderungen initiieren, haben die Marktkräfte sehr gute Chancen, über das Zielsystem als Katalysator die Organisation zu gestalten. Gerade mittelständische Unternehmen wählen diese Einflußfaktorenkombination, um trotz fehlender Organisationskonzepte keine Fehler im Hinblick auf den Markt zu begehen. Das Zielsystem wird dabei oft an Markttendenzen angepaßt, um die Komplementarität nicht zu gefährden.

Diese Kombination kann als gelenkte Marktnähe bezeichnet werden, in der die zweitbeste Lösung (nach 2.3.1.1) zu sehen ist. Sie verbindet die Dienstleistungsorientierung und die nötige Flexibilität mit der Toleranz gegenüber starken (Markt-)Kräften aus der Erkenntnis heraus, diesen weder trotzen noch sie lenken zu können.

2.3.1.4 M + : Z – konkurrierend (Lüge)

Versucht ein schwaches Zielsystem, eine Organisation gegen starke Marktkräfte zu beeinflussen, so findet regelmäßig eine Organisationsspaltung statt. Dies geschieht, indem offiziell dem Zielsystem entsprochen wird, realiter jedoch die Organisation sich den Markterfordernissen beugt. Das Ergebnis ist eine offizielle organisatorische Hülle, unter der eine gut funktionierende Subkultur entsteht. Diese ist zwar meist nicht in der Lage, eine Kongruenz von M und Z herzustellen, führt jedoch über eine Blockade der vertikalen Kommunikation manchmal zum – scheinbar unvorhersehbaren – Untergang des Unternehmens.

Es darf angemerkt werden, daß diese Konkurrenzsituation üblicherweise durch krasse Managementfehler entsteht und mangelhafte Managementeignung gepflegt wird.

2.3.1.5 M – : Z + komplementär (Selbstbestimmung)

Sind die organisationsrelevanten Marktkräfte schwach, so bietet sich dem Gestaltungswillen eines klaren und ausgeprägten Zielsystems ein weites Betätigungsfeld. Vor allem in dieser Faktorkombination kann die selbstbewußte Organisation marktgestaltend wirken und Wettbewerbsvorteile erringen.

Die Komplementarität als Ausdruck einer richtigen Markteinschätzung trägt zur angemessenen Organisationsgestaltung bei, die hilft, ein Instrument zu schaffen, das aktiv und flexibel am Markt agiert.

Selbstgestaltende Marktkonformität findet sich häufig in expandierenden
(Verkäufer-)Märkten und ist oft Vorläufer der Faktorkombination 3.1.3,
in der im Vergleich zur hier behandelten lediglich der Initiator wechselt.

Dieser Fall ist außerdem der einzige, bei dem mit geringen Risiken
alternative Organisationsformen erprobt und im Mißerfolgsfall verworfen werden können, ohne daß damit ein Existenzrisiko verbunden wäre.

2.3.1.6 M − : Z + konkurrierend (Utopia)

Die Forderungen aus einem starken Zielsystem prägen die Organisationsentwicklung an schwachen Markttendenzen vorbei. Das starke Unternehmen läuft dabei Gefahr, eine mehr und mehr unrealistische Sicht der Welt
zu entwickeln und die eigenen Überlebenschancen der Aufrechterhaltung
einer vermeintlich richtigen Vorgehensweise zu opfern. In diesem Fall
erstarrt die Organisation häufig in Selbstgefälligkeit und der unsinnigen
Erwartung, der Markt werde sich ihren Gepflogenheiten schon anpassen.
Außer bei Angebotsmonopolisten ist diese Haltung längerfristig sehr
gefährlich, weil sie Konkurrenz regelrecht züchtet.

Die kurzen Aufrisse zeigen, daß alle Konkurrenzsituationen (3.1.2, 3.1.4,
3.1.6) die organisatorische Entwicklung in eine Richtung führen, die
langfristig gefährlich oder gar tödlich ist. Wir dürfen daraus ableiten, daß
nicht-marktkonforme Zielsysteme organisationszerstörend wirken.

2.3.2 Die Einflußkombination Marktgeschehen – interne Restriktionen

Interne Restriktionen sind vor allem überkommene Gegebenheiten,
die in anderen Bedingungslagen entstanden sind und heute nicht ohne
gravierende Turbulenzen für die gesamte Organisation beseitigt werden können. Daneben gibt es unsichtbare Restriktionen vor allem in
Form von menschlichem Sicherheitsstreben und Angst vor Neuerungen.

Laufen die Marktveränderungen in der ungefähr gleichen Geschwindigkeit ab wie der menschliche Gewöhnungsprozeß, so verändern sich die
Grundhaltung und auch die Bedingungslage tatsächlich unmerklich, und

interne Restriktionen sind von geringer Wirksamkeit. Ist dagegen die Marktdynamik weit größer als für unser innovatives Wohlbefinden erträglich, so stößt der Marktimpuls regelmäßig auf Widerstand. In Extremfällen kann die Differenz allerdings so groß sein, daß die Marktkräfte die internen Restriktionen regelrecht wegfegen können, der Widerstand also schnell gebrochen wird (Abbildung 9).

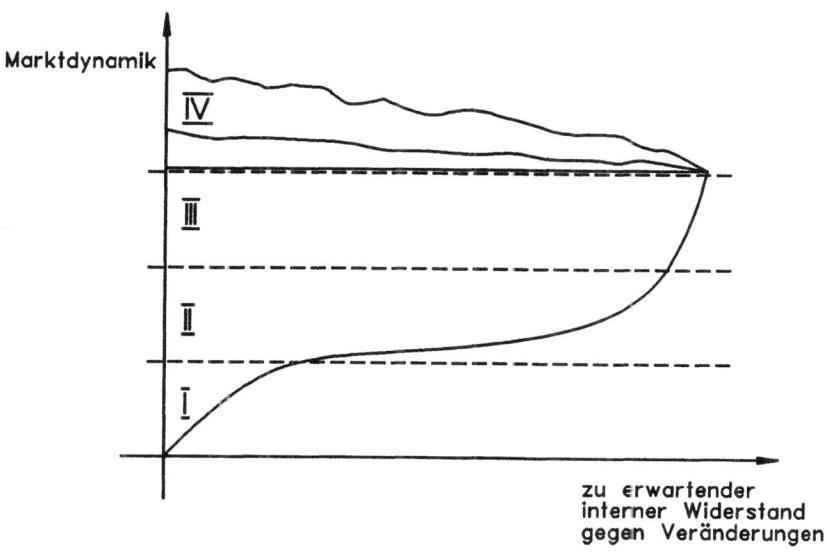

Abbildung 9: Marktgeschehen und interne Restriktionen

Teilt man diese Kurve in vier Abschnitte ein, die als

- Überraschungsphase,
- Kampfphase,
- Konfusionsphase und
- Akzeptanzphase

bezeichnet werden sollen, so können wir daran sehr klar die unterschiedlichen organisatorischen Verhaltensweisen als Ausdruck interner Restriktionen beschreiben.

2.3.2.1 Überraschungsphase

Verändert sich die Marktdynamik maßvoll, indem zum Beispiel der Verkäufermarkt erhalten bleibt, jedoch die Konkurrenz wächst, so reagieren die Betriebe zunächst nur mit Überraschung und vorsichtiger Fortsetzung der bewährten Verhaltensweise. In Unkenntnis der Hintergründe der Veränderungen zielt gelegentlicher Widerstand oft ins Leere und wird fallengelassen. Auch findet sich Bereitschaft, gewissermaßen spielerisch auf Marktforderungen einzugehen aus der Überzeugung heraus, damit sei keine ernste Herausforderung verbunden. Alle Anpassungen werden als Zeiterscheinung, gelegentlich als willkommene Abwechslung interpretiert. Kaum ein Organisationsmitglied nimmt die Veränderung ernst.

Ein solches Verhalten hat sowohl die Foto- als auch die Unterhaltungselektronik im frühen Stadium des japanischen Angriffs an den Tag gelegt, und derzeit wird der EG-Binnenmarkt ähnlich dilettantisch von den meisten Unternehmen interpretiert. Auch Monopolisten zeigen dieses Verhalten nahezu immer beim Auftauchen des ersten Konkurrenten.

Typisches Fehlverhalten im Sinne der Überraschungsphase zeigen alle diejenigen Organisationen, die auf zunehmende Variantenvielfalt als Folge entstehender Käufermärkte mit verbalem Unwillen und der Hoffnung reagieren, diese Zeiterscheinung werde vorübergehen, und die Rückkehr zur Standardserie sei gewiß.

2.3.2.2 Kampfphase

Wenn sich mit zunehmender Marktdynamik die vermeintlichen Zeiterscheinungen häufen und eine Struktur erkennen lassen, dann schreiten die Organisationsmitglieder zu abgestimmten Maßnahmen. Die abzusehende Dauer verlangt Regelungen, die sich normalerweise gegen (!) den Markt richten. Beginnend mit Programmbereinigungen über Außendienstschulungen bis hin zu Rationalisierungskampagnen und den Aufbau großer Außenläger werden zahlreiche organisatorische Vorstöße gewagt, die alle zusammen nicht viel bewirken außer einer Verfestigung der bisherigen Aufbau- und Ablauforganisation. Das strukturierte, oft konzertierte und machtvolle Vorgehen stärkt das Selbstbewußtsein der Organisation und stempelt den Markt zum Gegner, ja gelegentlich zum Feind, gegen den es die Initiative zu ergreifen gilt.

Ein erfolgversprechender Ansatz, nämlich sich rasch und vollständig dem Markt anzupassen, wenn nötig in Verbindung mit weitgehender Überwindung alter Strukturen, wird in dieser Phase fast immer verworfen.

Markt und Organisation entwickeln sich dabei auseinander, die Reibungsverluste in der Organisation steigen stark an, Improvisation ist erforderlich, um den Betrieb vor dem Zusammenbruch zu schützen.

2.3.2.3 Konfusionsphase

Zeigt der selbstbewußt geführte Kampf gegen den Markt keinen Erfolg und erlebt die Organisation das gleichzeitige Erstarken der Konkurrenz und den Verfall der eigenen Rendite, so erlahmt der Kampfgeist nach außen und weicht schließlich der Selbstanklage.

Der oft sehr kurzfristig erfolgende Übergang von Angriff auf Selbsterniedrigung erzielt keine positive Außenwirkung, da er mit einer Einschränkung des Horizontes und einem fatalen Hang zur Nabelschau verbunden ist. Die Organisation beschäftigt sich mit sich statt ihrer Umwelt, sie ergeht sich in Selbstanklagen über Versäumnisse in der Vergangenheit und diskutiert die Notwendigkeit umzudenken.

All dies erfolgt paradoxerweise oft unter Ausschluß des Marktes und kann daher auch nur zufällig Erfolg haben, insbesondere vor dem Hintergrund, daß die alte Organisation nicht grundsätzlich in Frage gestellt, sondern eine Optimierung der Hilfsmittel angestrebt wird.

Diese neuen Hilfsmittel, allen voran der intensivierte EDV-Einsatz, bringen – natürlich – überhaupt keine Verbesserung, sondern tragen zur Verstärkung der ohnehin vorhandenen Konzeptionslosigkeit bei. Handlungen sind – weil marktfern – häufig erfolglos, Richtungswechsel an der Tagesordnung, Angst entsteht, das Marktverständnis schrumpft, die Organisation paralysiert sich in ziellosem Aktionismus. Typischerweise wird in der Konfusionsphase auf *kurz*fristigen Erfolg gesetzt, obwohl allein eine Langfriststrategie zur Problemlösung beitragen könnte. Oft werden externe Berater mit dieser schnellen Hilfe betraut, und ebenso oft scheitern sie.

Beispiele für das Verhalten in der Konfusionsphase sind der Aufbau oder Ausbau eines EDV-gestützten PPS-Systems, die Gemeinkostenwertanalyse, Untersuchungen der Ablauforganisation, Bereinigungen der Produktpalette, voreilige Markteinführung nicht ausgereifter Produkte.

Interessant ist, daß Organisationen in der Konfusionsphase regelrecht taub sind für wirkliche Hilfe und daher in dieser Zeit oft einen höchst gefährlichen Know-how-Verlust über die Abwanderung innovativer und langfristig denkender Mitarbeiter hinnehmen müssen.

Das Ende der Konfusionsphase ist für viele Unternehmen auch das wirtschaftliche Aus.

2.3.2.4 Akzeptanzphase

Nachdem einige Stadien der Konfusionsphase durchlebt sind, kommen manche Organisationen, besser gesagt einige ihrer Führungsspitzen, zu der Erkenntnis, in einer Sackgasse zu sein. Diese Erkenntnis ist oft existenzsichernd, indem sie den Anstoß zur völligen Neuorientierung der Organisation hin zum Markt bewirkt. Entscheidend für den Erfolg der Umkehr sind Geschwindigkeit und Reibungsarmut, mit denen der Kurswechsel vollzogen wird. Natürlich ist Widerstand zu erwarten, und selbstverständlich werden bei dem Annäherungsprozeß Fehler und Korrekturen nötig. Das Resultat der Neuorientierung ist jedoch eindeutig: Die Organisation leistet bei höherer Marktdynamik ebensowenig Widerstand wie früher bei geringerer. Allerdings muß bei der nächsten unregelmäßigen Veränderung der Marktdynamik erneut mit dem Durchlaufen der vier geschilderten Phasen gerechnet werden. Damit bestimmen

- die Stetigkeit und
- das absolute Ausmaß

der Marktdynamik den Verlauf und das Ausmaß der internen Restriktionen, ohne daß diese eine langfristige Wirkung auszuüben in der Lage wären.

Interne Restriktionen stellen somit einen Retardierungseffekt dar, der vom Markt auf jeden Fall überwunden wird, wenn auch mit unterschiedlich großen und schmerzlichen Auswirkungen auf die Organisation.

2.3.3 Die Einflußkombination Zielsystem – interne Restriktionen

Im eingeschwungenen Zustand sind in einer Organisation die Mitglieder mit dem Zielsystem einverstanden. Dies gilt um so mehr, als in vielen Betrieben mangels explizit formulierter Ziele die Summe der Einzelziele das Gesamtziel ergibt. Friktionen treten erst auf, wenn das – formulierte – Zielsystem vom akzeptierten abweicht. Dies ist immer dann der Fall, wenn entgegen der Überzeugung der Organisationsmitglieder

- an einem überalterten Zielsystem festgehalten oder
- ein neues Zielsystem gefordert wird.

2.3.3.1 Retardierte Zielsysteme

Der erste Fall scheint angesichts des Beharrungsvermögens und der Innovationsangst der meisten Menschen nur selten vorzukommen; diese Annahme ist indessen völlig falsch. So ist es beispielsweise seit über 100 Jahren das erklärte Ziel aller Gewerkschaften, überalterte oder überlebte betriebliche Zielsysteme zu verändern, und die Gegenwart zeigt, daß die diesbezüglichen Erfolge beachtlich sind: Die Beschränkung auf „angemessene" Gewinne anstelle maximaler, das Ziel der Arbeitsplatzsicherung, der Arbeitszufriedenheit, der betrieblichen Weiterbildung etc. sind heute in zahlreichen Unternehmenszielen zu finden und stellen eine drastische Abkehr vom reinen Kapitalismus dar. Diese Veränderungen sind durch die Gewerkschaften stark gefördert worden.

Auch dabei gilt, daß dieser Druck auf ein veraltetes Zielsystem nicht erfolgreich sein kann, wenn die Zeit dafür nicht reif ist. Allerdings existieren laufend neue Wünsche nach einer Zielkorrektur, die keine oder nur äußerst geringe Erfolgsaussichten haben: Es sind dies die individuellen Zieländerungswünsche der Organisationsmitglieder. Angefangen vom Top-Management bis hinunter zur Basis erhoffen und befördern viele Mitarbeiter Zielveränderungen aus persönlichen Gründen. Ein typisches Beispiel ist die Forderung nach einer flexiblen Spartenorganisation durch die vermeintlichen späteren Spartenleiter; ein anderes ist die Forderung nach Dezentralisierung, um einen mißliebigen Kollegen nach Fernost abschieben zu können.

Während Zielkorrekturwünsche im Gefolge einer Zeitströmung in der Organisation temporäre Restriktionen hervorrufen, die nach der Akzeptanz durch die Führung und Aufnahme in das offizielle Zielsystem schlagartig verschwinden, entstehen aus den individuellen Zielkorrekturwünschen permanente interne Restriktionen. Dieser Bodensatz an Widerstand existiert überall und mindert die Effizienz jeder Organisation; er wird weiterbestehen, solange Menschen individuelle Ziele auch am Arbeitsplatz verfolgen, kurz, solange es Egoismus gibt.

Dennoch gibt es eine sehr wirkungsvolle Möglichkeit, die internen Restriktionen im Gefolge des natürlichen Egoismus zu minimieren. Es ist dies der Aufbau und die Aufrechterhaltung einer starken Klammer über die gesamte Organisation oder einfach ausgedrückt: ein akzeptierter äußerer Feind.

Jede Organisation schafft sich ohnehin ein schwaches Feindbild, um innere Probleme nicht eskalieren zu lassen. Meist sind diese Feindbilder jedoch diffus, nicht verbalisiert, nicht von der Unternehmensführung akzeptiert und oft nicht einmal als Feindbild bewußt, sondern lediglich die normalerweise herangezogene Begründung für tägliche Schwierigkeiten. Beliebte Feindbilder sind

- der Konzern/die Zentralstellen,
- die derzeitige Geschäftsleitung,
- die frühere Geschäftsleitung,
- der Markt/die Konkurrenz,
- die Gewerkschaften und
- die „regionale Mafia", d. h. eine Gruppe einflußreicher Mitarbeiter.

Manche dieser Feindbilder können von der Geschäftsleitung gepflegt und so stark ausgebaut werden, daß das Gefühl einer realen externen Bedrohung entsteht, vor der interne Querelen zurückzustehen haben. In diesen Fällen nehmen die internen Restriktionen, verursacht durch individuelle Zielvorstellungen, ab, selbstverständlich ohne ganz zu verschwinden.

2.3.3.2 Progressive Zielsysteme

Außer in dem oben skizzierten Fall einer Korrektur infolge Drucks der Basis werden Zielsysteme grundsätzlich von der Organisationsspitze verändert. Diese Änderungen werden regelmäßig auf interne Restriktionen zumindest eines Teils der Organisationsmitglieder stoßen. Auch wenn, wie oben beschrieben, das neue Zielsystem marktkonform ist, wird Widerstand allein aus Angst vor dem Ungewissen entstehen. Selbst kurzfristige Erfolge sind meist nicht in der Lage, die Qualität des neuen Zielsystems zu untermauern, sie werden häufig anderen Ursachen zugeschrieben. Andererseits werden Fehlschläge direkt mit den neuen Zielen verbunden.

Für den Erfolg progressiver Zielsysteme bzw. hinsichtlich der zu erwartenden internen Restriktionen ist damit letztlich die Größe und Macht der beiden Fraktionen von Organisationsmitgliedern für und gegen die Neuerung verantwortlich. Generelle Ableitungen aus der Marktkonformität beispielsweise oder der Widerstandsphase bei veränderter Marktdynamik sind nicht möglich, wenngleich Tendenzaussagen gemacht werden können, falls alle Einflußfaktoren bekannt und richtig eingeschätzt worden sind. Statt genereller Ableitungen wollen wir uns im folgenden die wichtigsten Ausprägungen aller drei Einflußfaktoren M, Z und R ansehen.

2.3.4 Das Zusammenspiel der Einflußfaktoren Marktdynamik, Zielsystem und interne Restriktionen bei der Organisationsgestaltung

Aus Kapitel 2.3.1 kennen wir sechs grundsätzliche Fälle des Zusammenspiels von Marktentwicklung und internem Zielsystem. Es sind dies die Formen

- Marktbewußtsein,
- Paralyse,
- Marktnähe,
- Lüge,
- Selbstbestimmung und
- Utopia.

In Kapitel 2.3.2 haben wir Phasen gefunden, in denen bei Marktentwicklungen unterschiedliche interne Restriktionen auftreten.

Die Phasen sind

- Überraschungsphase,
- Kampfphase,
- Konfusionsphase und
- Akzeptanzphase.

In Kapitel 2.3.3 schließlich wurde gezeigt, daß interne Restriktionen jedes Zielsystem treffen, wenn auch mit den unterschiedlichsten Beweggründen. Hier dürfen wir von einer generellen diffusen Dynamik bei gleichzeitiger genereller Verlangsamung allgemein organisationszielgerichteter Veränderungen ausgehen, wenn wir von speziellen sozialpolitischen Fällen absehen.

Das bedeutet, daß wir aus der Beziehung Z – R für unsere Betrachtung eine Bremswirkung ableiten können und damit diese Einflußfaktorenkombination nicht gesondert berücksichtigt werden muß.

Wir können nun aus den M-Z-Formen und M-R-Phasen eine Matrix bilden, die alle grundsätzlichen organisatorischen Zustände beinhaltet (Abbildung 10).

Phasen (R) / Formen (Z)	Überraschung	Kampf	Konfusion	Akzeptanz
Marktbewußtsein	0	– –	– –	–
Paralyse	–	+	+ +	+
Marktnähe	+	– –	–	0
Lüge	–	+ +	+	+
Selbstbestimmung	+	0	–	+

Abbildung 10: Grundmatrix der Organisationsgestaltung

Die Ausprägung der Phasen bei den Grundformen der Markt-Ziel-Beziehungen reicht von sehr stark (+ +) über ausgeglichen (0) bis zu sehr schwach (– –). Das Bild entspricht unseren Erwartungen aus Kapitel 2.3.1. Während sich die Beziehungsformen „Paralyse", „Lüge" und „Utopia" in unsinnigen Marktwiderstand und interner Konfusion schwächen, bleiben die anderen Formen von veränderter Marktdynamik weitgehend unbehelligt.

Die hier behandelte Thematik verbietet eine vertiefte Betrachtung der Felder der Matrix. Allerdings kann in der Zusammenschau festgehalten werden, daß eine betriebliche Organisation problemlos ist, wenn die Beziehungsform 1, d. h. Kongruenz starker Unternehmensziele mit der Marktentwicklung, gegeben ist.

Bildlich ausgedrückt heißt dies, daß das Schwingungssystem des Marktes dem der Organisation verwandt oder gleich ist (Abbildung 11).

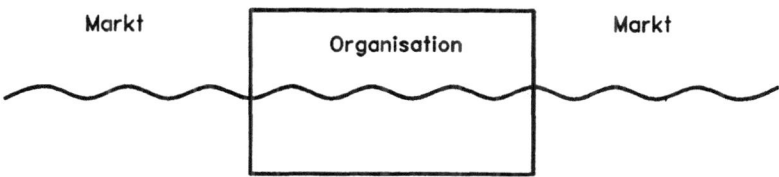

Abbildung 11: Dem Markt ideal angepaßte Organisation

Wenden wir uns nun der Frage zu, wie eine Organisation ihre Marktkonformität überhaupt erkennen kann, denn es steht außer Frage, daß die meisten Organisationen Marktkonformität *wollen* und ihres gegenteiligen Verhaltens überhaupt nicht bewußt sind.

Mit der Frage

„Was ist Marktkonformität?"

wollen wir uns auf der Grundlage der vorne skizzierten PEL-Theorie der Industrialisierungsphasen befassen.

3. Teil:

Untersuchung der Marktkonformität betrieblicher Organisationen auf der Basis der PEL-Theorie

3.1 Modellansatz und die Bildung von Betriebsgrößenklassen

3.1.1 Modellansatz

Grundsätzlich gilt, daß eine Organisation immer dann marktkonform ist, wenn die aktuelle Bedeutung der Phasen

- Produktion,
- Engineering und
- Logistik,

wie sie aus dem Phasenmodell ersichtlich ist (siehe Punkt 1.4), in der Aufbau- und Ablauforganisation ihren Niederschlag findet. Stark verallgemeinert heißt dies, daß im Jahr 1990 das Engineering eindeutig dominant in der Organisation repräsentiert sein müßte, gefolgt von der Produktion und der Logistik (Abbildung 12).

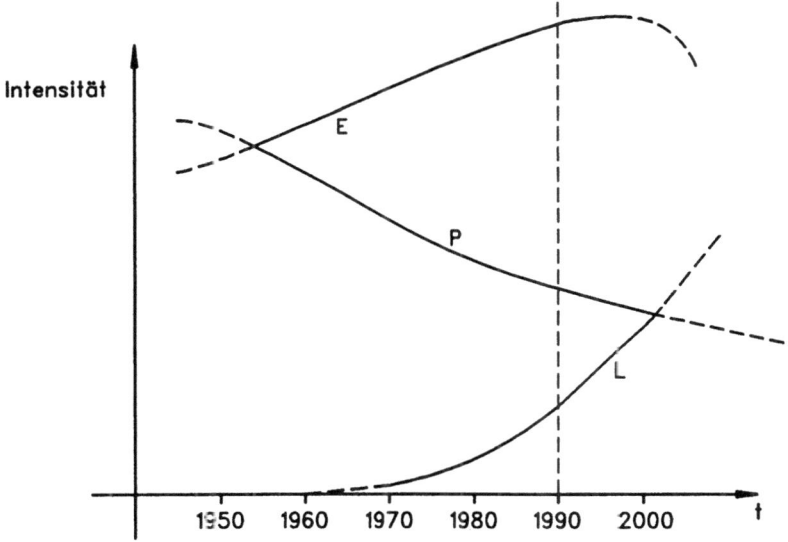

Abbildung 12: Relative Phasenbedeutung im Jahr 1990

Versucht man, die jeweilige Bedeutung zu quantifizieren, so müßte etwa folgendes Verhältnis bestehen:

P : E : L
40 : 45 : 15

Unternimmt ein Betrieb den Versuch, sich eine zukunftsweisende Organisation zu geben, etwa im Hinblick auf das Jahr 2000, so müßte sie die Phasen wie folgt gewichten:

P : E : L
30 : 40 : 30

Gehen wir, wie nach den in Teil 2 beschriebenen Gesetzmäßigkeiten zu erwarten, allerdings davon aus, daß eine Organisation stets den realen Bedürfnissen nachhinkt, so muß sich dies bei einem Versatz von nur zehn Jahren in folgender Bedeutungsrelation äußern:

P : E : L
55 : 40 : 5

Eine etwa zwanzigjährige organisatorische Rückständigkeit drückt sich in diesem Bild aus:

P : E : L
70 : 28 : 2

Nun ist es natürlich außerordentlich schwer, für eine reale Organisation den Nachweis zu erbringen, wie die Bedeutungsrelationen tatsächlich sind, und es ist unvermeidlich, qualitative Bewertungskriterien heranzuziehen und aus dem Gesamteindruck zu folgern, wobei die Verwendung der reinen Phasenausprägung als Vergleich sehr hilfreich sein wird. Auf die Aufzählung der wichtigsten Beurteilungskriterien soll indessen auch an dieser Stelle nicht verzichtet werden. Es sind dies:

1. offizielle Macht, dargestellt als organisatorische Unterstellungsverhältnisse, z. B. Arbeitsvorbereitung *unter* der Produktion (= Produktionsdominanz) oder Konstruktion *unter* den Vertrieb (= Logistikdominanz) oder Produktion neben technischen Büros (= Machtausgleich zwischen Produktion und Engineering);

2. Repräsentanz der Arbeitsteiligkeit in der Gesamtorganisation als Ausdruck der Tatsache, wie stark die von der Arbeitsteiligkeit profitierende Produktion (Rationalisierungspotential) dieses Organisationsprinzip im restlichen Betrieb aufrechterhalten kann;
3. Ausmaß des „Erbhofschutzes" dergestalt, daß einzelnen Betriebsbereichen Rechte eingeräumt werden, die anderen vorenthalten werden, wie etwa das Auslastungsprimat der Produktion oder der Verzicht auf Leistungskontrolle im Engineering;
4. qualitative Besetzung der verschiedenen Betriebsbereiche, etwa das weitgehende Fehlen von Ingenieurwissen in den Logistikfunktionen Einkauf und Vertrieb;
5. Beachtung oder Mißachtung der betrieblichen Kernkompetenz in der Gesamtorganisation, indem z. B. Bereiche strukturiert, entwickelt und gefördert werden, die für die Zukunft des Betriebes von nur geringer Bedeutung sind;
6. die beobachtbaren Interessenschwerpunkte der Geschäftsleitung.

Wir werden diese Kriterien und einige andere in der differenzierten Organisationsbeurteilung unter Punkt 3.2 ausführlich behandeln.

Außer der Feststellung der Ist-Organisation unter dem Blickwinkel der Industrialisierungsphasen und dem oben dargestellten Soll-Zustand benötigen wir ein Instrumentarium zur Bewertung der Abweichung. Als einfaches Hilfsmittel wird vorgeschlagen, die absoluten Abweichungsprozentsätze zu addieren. Übersteigt die Summe der Abweichungen 50, so ist mehr als die halbe Organisation veraltet und der gesamte Betrieb läuft Gefahr, in Tradition zu erstarren oder an den Anforderungen des Marktes zu zerbrechen. Übersteigt die Summe der Abweichungen 100, so darf angenommen werden, daß mit moderaten Korrekturen in der Organisation allein keine Wende zum Besseren mehr bewirkt werden kann, sondern daß nur radikale Veränderungen noch Aussicht auf Erfolg haben werden.

Beispiel 1:	P	E	L		
Soll-Zustand 1990	40	50	10		
Ist-Zustand 1990	65	30	5		
Abweichung	25	20	5	=	50

Veränderung ist nötig und möglich.

Beispiel 2:   P   E   L
Soll-Zustand 1990   40 50 10
Ist-Zustand 1990   80 15 5
Abweichung   40 35 5 = 80

Eine Stärkung des Engineering zu Lasten der Produktion ist dringend geboten, wenn das Unternehmen überleben will.

Beispiel 3:   P   E   L
Soll-Zustand 1990   30 50 20
Ist-Zustand 1990   90 10 0
Abweichung   60 40 20 = 120

Dieser Betrieb ist in Produktion erstarrt und hat nur sehr geringe Chancen zu einer Modernisierung.

Nun wäre es einfach, alle Betriebe unterschiedslos nach der vorgeschlagenen Methode zu betrachten und die Abweichungen festzuhalten, ohne die Betriebe zu gruppieren. Da wir uns damit zahlreicher Erklärungsmöglichkeiten begeben würden, sei der Organisationsanalyse noch eine Betriebsklassifizierung vorangestellt.

3.1.2 Betriebsgrößenbildung

Bereits ein oberflächlicher Blick auf die Organisation (und die Führung) verschieden großer Betriebe zeigt, daß hier grundsätzliche Unterschiede hinsichtlich der Markt- oder Phasennähe vorliegen.

So ist es beispielsweise auffällig, daß weitreichende Strukturveränderungen der Organisation fast immer in Großbetrieben getestet werden; auch die Dokumentation der gesammelten Erfahrungen und die geordnete Umsetzung kennen wir fast nur aus großen Wirtschaftseinheiten. Trotzdem sind kleine Betriebe oft effizienter, dynamischer und organisatorisch flexibler. Zwischen diesen beiden Extremen gibt es die große Schar der „organisatorisch Passiven", der Betriebe also, die nur Erprobtes übernehmen wollen und dafür kein eigenes Denkmodell zu entwickeln in der Lage sind.

Stellt man eine Beziehung zwischen Phasenkonformität und Betriebsgröße her, so sehen wir, daß Klein- und Großbetriebe gleich marktnah sind

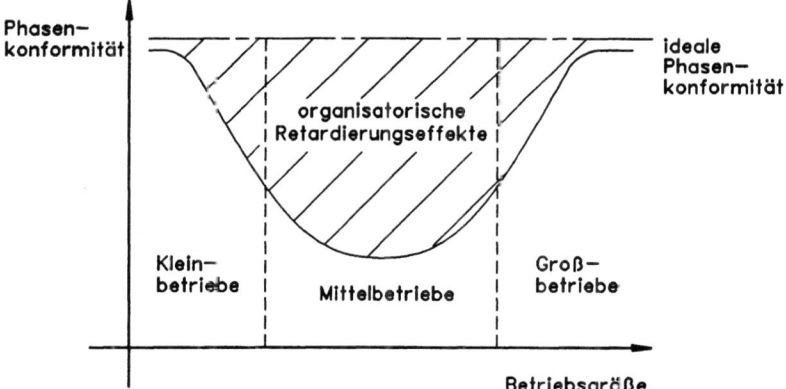

Abbildung 13: Abhängigkeit von Phasenkonformität und Betriebsgrößen

und Veränderungen in der Phasenbedeutung organisatorisch rasch nachvollziehen (Abbildung 13).

Das hat allerdings verschiedene Gründe. Kleinbetriebe entstehen oft durch Relationsverschiebungen der Phasen, indem beispielsweise die wachsende Bedeutung der Konstruktionsabteilung eines Betriebes (= Engineering) verbunden mit organisatorischer Mißachtung einige Konstrukteure veranlaßt, sich selbständig zu machen und ein eigenes Konstruktionsbüro zu gründen, das mit dem alten Unternehmen in lockerer Verbindung bleibt. Der neue Betrieb ist ein reiner Engineeringbetrieb und gibt sich auch eine entsprechende Organisation, er kennt also – noch – keine organisatorischen Retardierungseffekte.

Ein zweiter wichtiger Grund für die Phasennähe von Kleinbetrieben ist die rasche Selektion dieser Betriebe: Falsch gesetzte Schwerpunkte werden meist nach sehr kurzer Zeit vom Markt dergestalt geahndet, daß der Betrieb über erwirtschaftete Verluste zur Aufgabe gezwungen wird. Die Möglichkeit langsamer Kurskorrekturen, wie sie größere Betriebe im allgemeinen haben, gibt es für Kleinbetriebe nur selten. Der dritte Grund für eine phasenkonforme Organisation kleiner Betriebe liegt in der – meist finanziellen – Unmöglichkeit, gleichzeitig mehrere Tätigkeitsschwerpunkte zu verfolgen. Demgemäß konzentrieren sich diese Betriebe meist auf den zukunftsträchtigsten – vorausgesetzt, er ist wirtschaftlich durchsetzbar – und dies ist in Westeuropa auch heute noch das Engineering, das mehr und mehr regelrecht zu einer Domäne der Kleinbetriebe wird.

Die organisatorisch ähnlich erfreuliche Situation der Großbetriebe hat völlig andere Ursachen. Die Möglichkeit und Erfahrung mit langfristiger Planung und damit Schwerpunktsetzung, gute Kontakte zu Universitäten und anderen Forschungseinrichtungen und der Druck zu einer beschleunigten Internationalisierung des Geschäftes schaffen für Großbetriebe ein Umfeld, in dem zwangsläufig über geänderte Organisationsstrukturen gesprochen werden muß. Während in Kleinbetrieben Phasennähe eher intuitiv erreicht wird, entwickelt sie der Großbetrieb durch wissenschaftliche Analysen und ausführlichen Chancenvergleich. Hinzu kommt, daß Großbetriebe im allgemeinen über ein gutes bis sehr gutes organisatorisches Lernverhalten verfügen, das sich darin äußert, daß alle organisatorischen Maßnahmen in ihrer Wirkung weitgehend objektiv beobachtet und bei Bedarf korrigiert werden, während in kleinen Betrieben oft nicht sein kann, was nicht sein darf. Diese Lernfähigkeit schützt Großbetriebe vor allzu großer Fehleinschätzung der Phasenrelationen. Ein weiteres Positivum ist die Experimentierfreudigkeit großer Betriebe. Viele – auch ungewöhnliche – Versuche können unternommen werden zur Erprobung neuer Organisationsformen, ohne daß ein Fehlschlag sofort existenzgefährdend wäre. Vielmehr hilft hier die Methode „trial and error", die Organisation laufend in Richtung Phasenkonformität zu optimieren. Wenn dennoch Verzögerungen zu beobachten sind, so sind diese im allgemeinen auf die Gesamtträgheit großer Organisationen zurückzuführen (siehe vorne „interne Restriktionen").

Bedenklich gering ist die Konformität der Organisationen mittelgroßer („mittelständischer") Betriebe mit den Phasenrelationen P, E und L. Hier schlagen die großen Tugenden deutscher mittelständischer Unternehmen zunehmend häufiger in ihr Gegenteil um. Mangelnde Risikobereitschaft oder auch Entscheidungsangst verleitet manchen Unternehmer, lieber zu viele Schwerpunkte der Geschäftstätigkeit halbherzig als einen mit Überzeugung zu setzen. Noch schwerer fällt es in diesen Betrieben, bewährte Verhaltensweisen aufzugeben; viel lieber wird in einer langen Kampfphase die Richtigkeit der alten Verhaltensmuster bewiesen. Weiterhin werden Fehlentwicklungen nicht objektiv, sondern stets in starrer Verbindung mit dem Entscheidungsträger und damit personifiziert gesehen und deswegen oft nicht zugegeben. Auch fehlt in der weit überwiegenden Zahl der mittleren Betriebe qualifiziertes Organisations-Know-how, allgemeine Managementfähigkeit in ausreichendem Maße und die Bereitschaft, die Entwicklung der Organisations- und soziologischen Theorie zu beobachten. In Verbindung mit meist unflexibler Personalpolitik kultivieren diese mittelständischen Betriebe einmal gesetzte Schwerpunkte in Produktion oder Engineering oft über Jahrzehnte. Dem einmal eingeräumten Primat der Produktion – gelegentlich aus keinem anderen Grunde als der Tatsache, daß man da gut beobachten kann, was passiert – oder des Engineering – weil Tüfteln zum Lebenszweck hochstilisiert wird – ist auch mit klaren Argumenten nur schwer beizukommen. Auffälligkeiten in der Bedeutungsverschiebung von Produktion, Engineering und Logistik müssen sichtbar werden, damit die Mittelbetriebe organisatorisch reagieren, und diese Auffälligkeiten treten erst nach Jahrzehnten zutage. Daher sind heute diese Betriebe am wenigsten konform mit den PEL-Phasenausprägungen.

Die Einteilung nach Betriebsgrößen hat uns gezeigt, daß wohl alle Betriebe organisatorisch nachhinken – ein Phänomen, das wir unter Punkt 3.3 ausführlicher betrachten wollen – Mittelbetriebe aber insgesamt stärker als Klein- und Großbetriebe.

Wagt man an dieser Stelle einen Versuch zur Quantifizierung, so kann – im Bewußtsein der Nichtbeweisfähigkeit dieser Aussage – festgestellt werden, daß im Jahre 1990 im Hinblick auf die PEL-Phasenkonformität folgende Betriebe eine für folgende Phasenausprägung *richtige* Organisation haben:

Betriebsklassen	*Optimale Ist-Organisation der Jahre*
Kleinbetriebe	1975 – 1985
Mittelbetriebe	1960 – 1965
Großbetriebe	1975 – 1980

Worauf sich diese – teilweise niederschmetternden – Urteile gründen, wird im folgenden ausführlich erläutert.

3.2 Darstellung betrieblicher Organisationen nach ihrer PEL-Phasenkonformität

3.2.1 Kleinbetriebe

Unter Kleinbetrieben verstehen wir im folgenden produzierende Betriebe mit weniger als 100 Beschäftigten. Wir können zwei Grundarten von Kleinbetrieben unterscheiden, die völlig differierende Strukturen aufweisen; es sind dies

- produktorientierte Kleinbetriebe und
- produktionsorientierte Kleinbetriebe.

3.2.1.1 Produktorientierte Kleinbetriebe

Diese Betriebe entstehen meist aus einer Produktidee. Wenige von dieser Idee überzeugte Menschen finden sich zusammen, gründen ein neues Unternehmen, indem sie beispielsweise gemeinsam ein größeres verlassen oder sich aus Miteinanderarbeitenden zusammenfinden und versuchen, eine meist sehr innovative Produktidee zu vermarkten.

Diese Versuche werden fast regelmäßig aus der Überzeugung heraus unternommen, alte Verbindungen insbesondere zum Absatzmarkt weiter nutzen, d. h. auf den Ausbau eines Vertriebssystems verzichten zu können. Diese Absicht, bestehende Infrastrukturen Dritter mitzuverwenden, ist gewöhnlich eine wirtschaftliche Notwendigkeit, stellt aber gleichzeitig einen dedizierten Verzicht auf einen Schwerpunkt (Vertriebs-)Logistik dar.

Fast identisch mit ihrer Einschätzung der Vertriebsseite ist bei diesen Betrieben die Vorstellung von der Beschaffungsseite. In der Überzeugung, kurzfristig ohnehin keine Marktmacht – und in deren Gefolge gute Preise – erzielen zu können, versuchen diese Kleinbetriebe, sich an bestehende Einkaufsorganisationen anzuschließen; vornehmlich wird dabei versucht, die Logistikpotentiale des „Mutter-"Betriebes zu nutzen, oder man schließt sich mit vergleichbaren Betrieben zu einem Einkaufsring zusammen. Beide Wege führen nicht zum Aufbau von (Einkaufs-)-Logistik-Know-how im Kleinbetrieb, bedeuten also auch hier einen Verzicht auf eine Schwerpunktsetzung Logistik. Da auch die betriebsinterne Logistik bei kleinen Betrieben nur eine untergeordnete Rolle spielt, dürfen wir zusammenfassend festhalten, daß produktorientierte Kleinbetriebe grundsätzlich die bereits angelaufene Logistikphase ignorieren; diese Mißachtung der tatsächlichen Bedeutung der Logistik ist kurzfristig vertretbar, führt aber – wie wir bei Mittelbetrieben sehen werden – mit dem Unternehmenswachstum zu gravierenden Problemen.

Zu beobachten ist die Tatsache fehlender Logistikorientierung an organisatorisch nicht oder nur vage definierten Vertriebsverantwortlichen oder -abteilungen daran, daß meist die Firmengründer selbst den Vertrieb eben mitmachen, die Darstellung des Unternehmens in Printmedien oft dilettantisch ist, verkäuferische Schulung überwiegend fehlt und Überlegungen zur Eroberung neuer Märkte erst gar nicht angestellt werden. Vielmehr begnügt man sich mit der beabsichtigten Verdrängung existenter Produkte auf bestehenden Märkten und ist überzeugt, daß technisch anspruchsvolle und qualitativ hochwertige Produkte sich gewissermaßen von selbst verkaufen; was sie übrigens *nicht* tun.

Auch die Einkaufsseite ist regelmäßig schwach besetzt, unterqualifizierte, d. h. hier nur kaufmännisch ausgebildete Mitarbeiter kaufen nebenher (!) technische Produkte ein, das Einkaufsvolumen je Einkäufer liegt meist sehr hoch, Geld für Beschaffungsmarktforschung gibt es nicht.

Völlig anders ist die Beziehung dieser Kleinbetriebe zum Engineering. Aus dem Engineering stammt die Idee zur Firmengründung, das Engineering garantiert über technische Raffinesse und Produktqualität einen vermeintlich problemlosen Vertrieb, gemeinsame technische Begeisterung fördert das Zusammengehörigkeitsgefühl, und die tägliche Arbeit ist weniger Last als Abenteuer. Produktorientierte Kleinbetriebe sind oft weniger engineering-orientiert als schon engineering-zentriert.

Die Fokussierung auf das Engineering, angefangen in der Vorentwicklung und dem Labor über die Konstruktion und Verfahrensplanung bis hin zur Qualitätssicherung macht den Geist dieser Kleinbetriebe aus. Sie gestattet den Verzicht auf strenge Reglementierung der Zuständigkeiten und schafft auf diese Weise einerseits große Flexibilität und andererseits breite, interessante Betätigungsfelder für alle Mitarbeiter. Die Gefahr, daß solche Betriebe sich eine tayloristischnahe Organisation geben, ist gering, da sie den Vorteil einer stupiden Aufgabenabgrenzung kaum zu erkennen vermögen. Auch spielt das Produkt – siehe die Gründungsidee – eine viel zu überragende Rolle, als daß dieser Zusammenhang – zumindest im Bereich des Engineering – zerstört werden dürfte, z. B. durch die Bildung verfahrensspezialisierter Abteilungen. Konsequenterweise wird auch die Entwicklung und Produktion weiterer Produkte in diesen Betrieben meist in *einer* neuen Abteilung zusammengefaßt und somit das Fundament für eine Spartenorganisation geschaffen.

Doch auch informell dominiert das Engineering: Die dort Arbeitenden genießen das höchste Ansehen, ihre Ausstattung mit Arbeitsmitteln ist die modernste, ihr Urteil gilt mehr als das der Produktion, und nicht zuletzt werden in diesem Bereich die höchsten Gehälter gezahlt.

Mit dieser extrem klaren Ausrichtung auf die heute dominante Engineeringphase liegen die produktorientierten Kleinbetriebe – nicht nur organisatorisch – völlig richtig. Diese Schwerpunktsetzung bewirkt, daß sie größtmögliches Verständnis für die technischen Probleme ihrer Kunden entwickeln und damit Kundennähe sicherstellen, daß sie an raschen Problemlösungen schon aus persönlichem Ehrgeiz interessiert und damit reaktionsschneller als größere Konkurrenten sind, und daß sie mit dem Verzicht auf eine aufwendige arbeitsteilige Organisation kostengünstig bleiben.

Sehen wir uns nun an, wie diese Kleinbetriebe ihre eigene Produktion sehen und einstufen. Vom Ursprung des Betriebes her ist das Interesse an Produktion gering; wenn überhaupt, wird in modernen Schlüsseltechnologien eine Herausforderung gesehen; die notwendige Montage im Haus wird oft schon als Last, gewissermaßen als notwendiges Übel eingestuft. Vorfertigung wird tendenziell zugekauft, vorausgesetzt, daß der schwache Einkauf Quellen findet oder auf alte Geschäftsbeziehungen zurückgegriffen werden kann.

Auch die Organisation der Produktion ist in diesen Kleinbetrieben weniger streng nach dem Werkstättenprinzip gegliedert als in Mittelbetrieben üblich; die Produktorientierung beeinflußt hier auch die Fertigung selbst und stellt einen überaus zukunftsweisenden Organisationsansatz dar.

Diese eher kühle Sicht der Produktion und ihrer Bedeutung für das Unternehmen muß jedem eingefleischten Produktionsverantwortlichen defätistisch, wenn nicht gar zynisch vorkommen. Die Folgen eines gefährlichen Know-how-Verlustes werden beschworen mit dem Hinweis etwa, daß zum Produktwissen auch das Produktionswissen mit all den Schwierigkeiten gehöre, von denen Engineering-Leute oft wenig Ahnung hätten. Trotz dieser Bedenken dürfen wir festhalten, daß ein produktorientierter Kleinbetrieb aufgrund seiner beschränkten finanziellen Möglichkeiten nur einen Schwerpunkt verfolgen kann, und dies *muß* das Engineering sein. Daß die Produktion bei aller Mißachtung in vielen Kleinbetrieben auch heute noch größer als nötig ist (siehe Punkt 4.2) zeigt, daß durchaus starke Kräfte an der Produktion interessiert sind und wohl eher betriebswirtschaftliche Gründe ein stärkeres Engagement in dieser Richtung verhindern als ehrliche Überzeugung.

Tatsache bleibt, daß produktorientierte Kleinbetriebe heute überwiegend eine sehr zeitnahe Organisation, fußend auf einem vernünftigen Zielsystem und realistischer Markteinschätzung, haben und im Sinne der Industrialisierungsphasen Produktion, Engineering und Logistik auf die derzeit richtige, nämlich das Engineering setzen und der Produktion nur einen vernünftigen zweiten Platz einräumen. Zu bemängeln ist die Unterrepräsentanz der Logistik, die diesen Betrieben große Probleme bereiten wird, sobald sie sich zu Mittelbetrieben gemausert haben (siehe Punkt 3.2.2).

3.2.1.2 Produktionsorientierte Kleinbetriebe

Produktionsorientierte Kleinbetriebe entstehen oft aus Kellerbetrieben, in denen nach Feierabend ein geschickter Facharbeiter ein oder zwei Drehbänke betrieben hat. Auch hier gibt es regelmäßig einen „Mutterbetrieb", aus dem

- das ursprüngliche Know-how,
- die Aufträge,
- die ersten zusätzlichen Mitarbeiter und
- oft auch die (gebrauchten) Maschinen

kommen.

In noch extremerer Weise als den produktorientierten Kleinbetrieben fehlt diesen Betrieben das Verständnis für und die Organisation zur

Logistik: Der Absatzmarkt besteht in wenigen Dauer-Auftraggebern, und neue werden eher durch Zufall als durch gezieltes Marketing gewonnen; in seltenen Fällen bedienen sich diese Betriebe freier Handelsvertreter. Die Abhängigkeit von großen Kunden geht oft bis zu einer wirtschaftlichen Vereinnahmung in der Weise, daß der Kleinbetrieb eine Art verlängerte Werkbank ist.

Die Beschaffungsseite ist ebenfalls kaum oder gar nicht entwickelt, wenn z. B. das zu bearbeitende Material beigestellt wird. Kauft der Kleinbetrieb selbst ein, so geschieht dies meist über Handelsorganisationen und wird vom Geschäftsführer selbst durchgeführt. Gezielte Aktivitäten zur Erforschung des Beschaffungsmarktes oder gar überregionale oder internationale Beschaffung sind praktisch unbekannt.

Produktionsorientierte Kleinbetriebe setzen im allgemeinen keinen Schwerpunkt im Engineering. Wenn überhaupt, so werden die Kunden hinsichtlich der Produktionsprobleme der in Auftrag gegebenen Teile beraten. Schon Rationalisierungsvorschläge kann der Kleinbetrieb nur selten unterbreiten. Lediglich hinsichtlich der Nutzung, Wartung, Instandsetzung und der Einsatzmöglichkeiten der Produktionseinrichtungen pflegen produktionsorientierte Kleinbetriebe Engineering-knowhow zu entwickeln. Diese Engineeringaktivitäten können sich jedoch nicht emanzipieren, sie stehen uneingeschränkt im Dienst der Produktion.

Diese Kleinbetriebe sind ganz eindeutig produktionsorientiert, oft sogar produktions*zentriert*. Alle Aktivitäten im Umfeld der Fertigung dienen deren Unterstützung. Die Grundorganisation des gesamten Betriebes ist – oft stark tayloristisch – an den Bedürfnissen der Produktion ausgerichtet. Es dominiert die Verrichtungsgliederung, in der Fertigung das Werkstättenprinzip; die Mitarbeiter sind sehr stark spezialisiert. Der diese Spezialisierung überwindende Einsatz von Bearbeitungszentren ist – wirtschaftlich bedingt – eher selten.

Mit dieser Produktionsorientierung repräsentieren die Kleinbetriebe einen sehr alten Betriebstyp in der Geschichte der Industrialisierung und laufen Gefahr,

- in sehr starker Abhängigkeit von anderen Betrieben zu verharren und
- nur über den Bearbeitungspreis konkurrieren zu können und damit bei Überkapazität verdrängt zu werden.

Um dieser Gefahr zu begegnen, bemühen sich viele Kleinbetriebe, ihr Leistungsangebot zu verbreitern. Die dabei grundsätzlich gangbaren Wege sind

- verbreitertes Produktionsangebot oder
- zusätzliches Engineeringangebot.

Der einfachere Weg, der auch bevorzugt beschritten wird, ist die Differenzierung der Produktion durch Aufbau neuer Produktionsverfahren (z. B. Oberflächentechnik), um nicht nur eine Bearbeitungsstufe bieten zu können, sondern die vollständige Herstellung auch anspruchsvoller Teile. Bei Verfolgung dieses Weges wird die Produktionsorientierung in der Organisation eher noch verstärkt und eine Umorientierung – Richtung Engineering – außerordentlich erschwert.

Die Alternative, der Aufbau von Engineeringkapazität zur qualifizierten Unterstützung der Kunden bei der Problemlösung bis hin zur Entwicklung eigener Produkte und deren Vermarktung auf eigene Rechnung, ist der weitaus mühevollere Weg. Ganz abgesehen von den damit verbundenen erheblichen Kosten für nicht verkäufliche Vorleistungen ist ein gewaltiger Energieaufwand vonnöten, um den Engineeringgedanken in einer produktionsorientierten Organisation zum Erfolg zu führen. Im Normalfall bleibt die Dominanz der Produktion erhalten, und das Engineering kann sich nur so weit entfalten, als dies im Sinn der Produktion sinnvoll erscheint, beispielsweise zur Auslastungssicherung. Eine rasche Stärkung des Engineering, indem etwa Produktentwicklung, Arbeitsvorbereitung und Auftragssteuerung in einer Verantwortlichkeit zusammengefaßt werden, ist die Ausnahme.

Produktionsorientierte Kleinbetriebe besitzen demnach überwiegend ein starkes Produktionsübergewicht, eine Unterrepräsentanz des Engineering und eine weitgehende Mißachtung der Bedeutung der Logistik. Im Vergleich zu produktorientierten Kleinbetrieben sind diese in ihrer organisatorischen Grundkonzeption eher veraltet und damit stärker in ihrer Existenz gefährdet.

Bewerten wir die Kleinbetriebe im Hinblick auf ihre Organisationskonformität hinsichtlich der aktuellen Phasenausprägung (PEL) mit + + für sehr gut bis zu – – für sehr schlecht, so erhalten wir folgendes Bild:

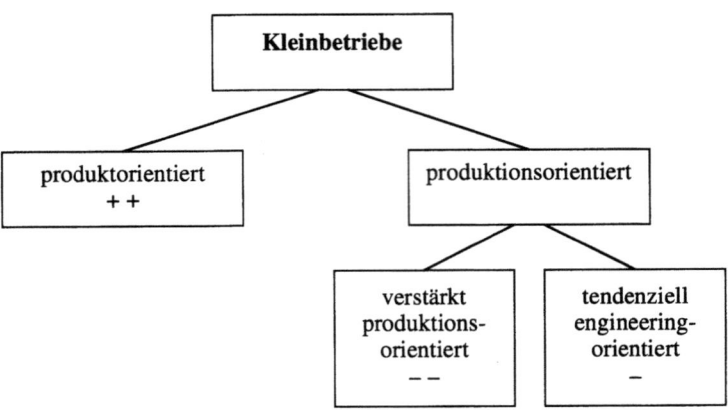

Abbildung 14: Organisationskonformität der Kleinbetriebe

Unbeschadet der Fähigkeit kleiner Betriebe, sich an veränderte Marktbedingungen rascher anzupassen als große, ist diese Bewertung der Organisation besonders wichtig für die Betrachtung der Mittelbetriebe, da diese meist aus Kleinbetrieben entstehen und dabei das Gedankengut hinsichtlich Zielsetzung und Organisationsschwerpunkten meist unverändert übernehmen.

Der Unterschied zu den Kleinbetrieben besteht vor allem darin, daß Mittelbetriebe diese Denkhaltung wesentlich länger – auch gegen Marktveränderungen – durchhalten können und dadurch überalterte Strukturen über lange Zeit konservieren können.

3.2.2 Mittelbetriebe

Mittelbetriebe sind alle Betriebe mit 100 bis 3 000 Beschäftigten bzw. einem Umsatz von zehn bis 500 Millionen DM/Jahr. Diese Betriebe sind überwiegend aus produktionsorientierten Kleinbetrieben entstanden, die ihr Engineeringpotential ausbauen konnten. Das aktuelle Bild der Mittelbetriebe hinsichtlich der Phasenkonformität soll im folgenden an einer Reihe typischer Erscheinungen beschrieben werden, die auch Aufschluß über die Grundeinstellung dieser Betriebe geben.

Die zu diskutierenden Erscheinungen sind

- der organisatorische Grundaufbau,
- die Fertigungstiefe,
- die Dispositionslogik,
- die Kalkulationssystematik,
- die Make-or-buy-Entscheidung,
- das Entlohnungssystem und
- die Tabu-Themen.

Obwohl es selbstverständlich weitaus mehr Ansatzpunkte zur Verdeutlichung der heutigen organisatorischen Grundhaltung gibt, ist es doch möglich, anhand der hier zusammengestellten Punkte die Gesamtproblematik erschöpfend zu umreißen.

3.2.2.1 Die Produktionsphasenkonformität

3.2.2.1.1 Der organisatorische Grundaufbau

Die weit überwiegende Anzahl aller Mittelbetriebe ist heute verrichtungsorientiert gegliedert. Typisch dafür ist die Organisation, die in der Grafik auf Seite 68 dargestellt wird.

Zu diesem Grundtyp gibt es zahllose Varianten, wie zum Beispiel

- die Unterstellung des Vertriebs unter die kaufmännische Geschäftsleitung,
- die direkte Repräsentanz der Produktion auf Geschäftsleitungsebene,
- die Einrichtung einer Materialwirtschaft mit dem Einkauf und Teilen der früheren Arbeitsvorbereitung,
- die Bildung von Auftragszentren, indem zur Materialwirtschaft der Verkaufsinnendienst geschlagen wird.

Grundsätzlich gilt, daß die Gesamtorganisation verrichtungsorientiert ist, d. h. Abteilungen nach – spezialisierten – Tätigkeiten gebildet werden: Einkaufen, Verkaufen, Kalkulieren, Produzieren, Qualität sichern, Werkzeuge bauen, Konstruieren usw. Diese verfahrensorientierte Organisation geht auf die Bedürfnisse der Industriebetriebe im 18. und 19. Jahrhundert zurück und ist der Idealfall für Betriebe in der Produktionsphase. Dieser Organisationszweck, nämlich die – vorbehaltlose – Unterstützung der

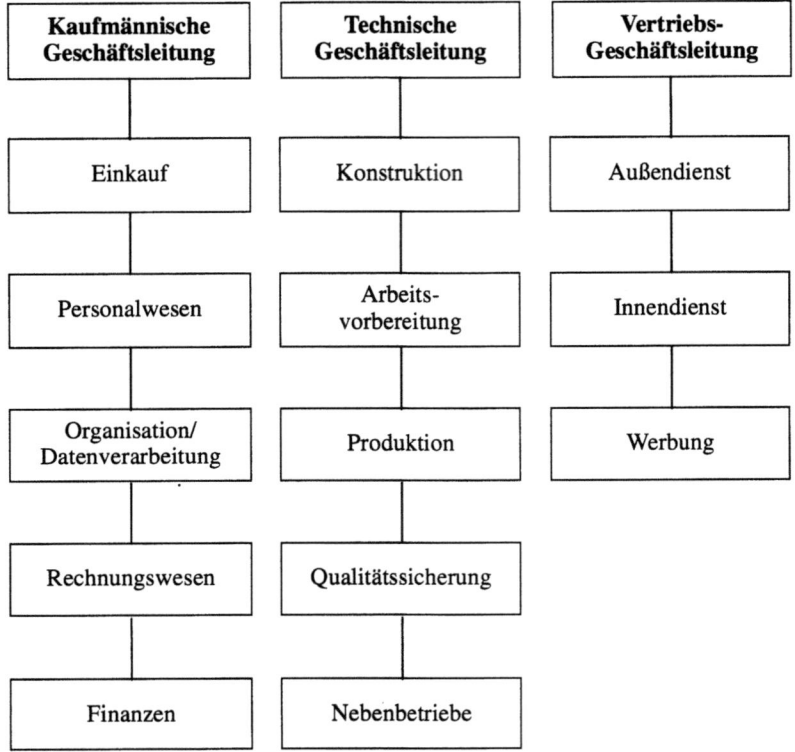

Abbildung 15: Verrichtungsorientierte Aufbauorganisation

Produktion (nicht des Marktes!) findet sich auch heute noch in der Untergliederung der einzelnen Bereiche. So finden wir auch heute überwiegend Fertigungsbereiche, die nach dem Werkstättenprinzip organisiert sind, also in

- Stanzerei,
- spanende Vorfertigung,
- Schweißerei,
- Oberflächenbearbeitung,
- Montage

in der Metallbearbeitung oder

- Sägerei,
- Baugruppenfertigung (Verbindungstechnik),
- Lackiererei,
- Montage

in der Möbelindustrie oder

- Kalandrierung,
- Formerei,
- Vulkanisation,
- Nachbearbeitung

in der Gummiindustrie.

Auch die Arbeitsvorbereitungsabteilungen sind oft nach Fertigungsverfahren (spanend, nicht spanend, verbindend, oberflächenbearbeitend) untergliedert und stellen ein Abbild der Produktion dar. Sogar in der Konstruktion finden sich bisweilen Spezialisierungen nach Einzelteilen und Endprodukten und damit eine Orientierung an den Fertigungsnotwendigkeiten.

Typisch ist die Untergliederung des Einkaufs nach

- Produktionsmaterial,
- Gemeinkostenmaterial und
- Investitionsgütern,

wobei oft ersteres noch weiter aufgeteilt wird in Halbzeug (für die Vorfertigung) und Zeichnungsteile (für die Montage). Auch hier ist der Schwerpunkt Produktion unübersehbar.

Die Qualitätssicherungsabteilungen sind üblicherweise unterteilt nach

- Qualitätsplanung,
- Wareneingangskontrolle,
- laufende Fertigungskontrolle und
- Endkontrolle

und dienen damit ebenfalls dem geordneten Materialfluß durch die Produktion, indem sie ihn vorbereiten, begleiten und zum Schluß sogar noch „gewährleisten". Sobald versucht wird, die Produktion vom Unterstützten zum Eigenverantwortlichen zu machen, indem etwa Selbstkontrolle eingeführt wird, entstehen gewaltige Widerstände.

Die technischen Nebenbetriebe schließlich, oft summarisch als „Werkstatt" bezeichnet, sind ebenfalls konsequent nach den Belangen der Fertigung organisiert, haben z. B. bezüglich vorbeugender Instandhaltung keinerlei Eingriffsrechte in die Produktion und dürfen nur nach deren Gutdünken tätig werden.

Doch das Primat der Produktion wird auch in anderen Verwaltungsbereichen deutlich:

– Die Kostenstellenrechnung differenziert besonders fein in der Produktion, meist dagegen nur grob in den Verwaltungsbereichen.
– Vertriebsaktivitäten werden an Produktionskapazitäten orientiert.
– Das Entlohnungssystem der Produktion ist ungleich differenzierter als das aller anderen Betriebsbereiche.

Wir sehen, daß die Produktion im Bewußtsein und in der Organisation der Mittelbetriebe absolut dominiert, was so weit gehen kann, daß ihre Belange zum nicht mehr diskutierbaren Datum werden, dem sich alle anderen Bereiche strikt unterzuordnen haben. Wohin diese Zentrierung auf die Produktion führt und daß diese Dominanz außerordentlich fest abgesichert ist und durch die Organisation gestützt wird, werden wir in den folgenden Abschnitten immer wieder feststellen.

3.2.2.1.2 Die Fertigungstiefe

Mittelständische Betriebe verfügen heute überwiegend über große Fertigungstiefe mit der Begründung, nur so könne die Produktqualität gewährleistet werden. Untersucht man diese Fertigungstiefe näher, so kann regelmäßig festgestellt werden, daß

– in verschiedenen Fertigungsverfahren, z. B. in spanender Bearbeitung, kein Know-how stecken kann, das nicht auch am Markt vorhanden ist,
– der Betrieb wirklich know-how-intensive Verfahren wie Härten, Schleifen, Galvanisieren überhaupt nicht beherrscht und zukaufen muß und
– das Argument qualitativ schlechter Versorgung durch Lieferanten weniger know-how- als vielmehr kommunikationsbedingt ist.

Viele mittelständische Betriebe leisten sich heute eine Vorfertigung, die bestenfalls Stand der Technik ist, meist jedoch infolge zu geringer Konzentration/freier Mittel weniger leistungsfähig ist als die entsprechend spezialisierter Betriebe. Es müssen Universalmaschinen eingesetzt werden, was infolge des breiten Teilespektrums zu hohen Rüstzeitanteilen führt, die Mitarbeiter erhalten zu wenig Möglichkeiten zur Weiterbildung, und mangelhaftes Know-how in der Arbeitsvorbereitung verhindert den optimalen Einsatz dieser Betriebsmittel. Das häufig angeführte Argument der Flexibilität ist immer dann unsinnig, wenn zur Sicherung der Auslastung dieser Maschinen sich vor ihnen Warteschlangen bilden.

Während mittelständische Betriebe diese Vorfertigung pflegen, sind sie in der Beherrschung von Schlüsseltechnologien oft schon arg ins Hintertreffen geraten: Sie sind in der Oberflächenbehandlung von Zulieferanten vollständig abhängig oder betreiben von Dritten entwickelte und gebaute Montageanlagen, ohne daß in diesem Verfahren *ihr* Know-how stecken würde. Von Unabhängigkeit oder gar Autarkie im Fertigungsdurchlauf kann also überhaupt keine Rede sein!

Auch das Argument der von Lieferanten nicht gewährleisteten Qualität ist absurd. Schon die Tatsache, daß dieses Argument von praktisch *allen* (!) Betrieben angeführt wird, zeigt, daß es nicht sachlich berechtigt sein kann. Die Erfahrung lehrt vielmehr, daß Lieferanten mit ungleich schlechteren und weniger Informationen von den planenden Abteilungen versorgt werden als die eigene Produktion und sich daher viel mühevoller an die gewünschte Qualität herantasten müssen, zumal dem Lieferanten oft die Funktionsmaße unbekannt sind. Außerdem ist es gängige Praxis, Zukaufteile härteren Qualitätsnormen zu unterwerfen als die eigene Produktion. Daß all dies de facto einen Schutz der eigenen Produktion – und Fertigungstiefe – darstellt, liegt auf der Hand.

Der wirksamste Schutz der einmal errichteten Fertigungstiefe jedoch ist die Auslastungsforderung. Maschinen gering auszulasten verteuert die Produktion; daraus folgt, daß neue Teile auf Maschinen mit freier Kapazität genommen werden müssen – Zukauf wäre teuer. Sind die Maschinen aber voll, so wird eine Erweiterungsinvestition auf der Basis der günstigen Stundensätze gerechnet, und damit ist wieder die Eigenfertigung wirtschaftlicher.

Unsere Organisation (siehe Qualitätssicherung) und unsere Kalkulationsmethodik schützen die vorhandene Fertigungstiefe und damit die Produktionsorientierung mittelständischer Betriebe, auch wenn die Vernunft eine Abkehr von dieser Industrialisierungsphase erforderlich erscheinen läßt.

3.2.2.1.3 Die Dispositionslogik

Die Vorstellungen mittelständischer Betriebe von der Art der Disposition sind völlig einheitlich:

> Aus dem Kundenbedarf (Primärbedarf)
>
> wird
>
> > unter Berücksichtigung verfügbarer Bestände
> > der Produktionsbedarf (Sekundärbedarf) ermittelt und
>
> daraus
>
> > der Bedarf an einzukaufenden Teilen, Halbzeugen etc.
> > (Tertiärbedarf).

Mit dieser Methode wird die eigene Produktion *zwangsläufig* in den Dispositionskreislauf eingebunden, und die Frage/Möglichkeit alternativer Bezugsquellen stellt sich gar nicht. Um diesbezüglich eine Öffnung zu erreichen, müßte die Disposition wie folgt aufgebaut werden:

> Für den Kundenbedarf (Primärbedarf)
>
> wird
>
> > nach Möglichkeiten zu seiner Befriedigung gesucht
> > (Logistikbedarf) und
>
> dafür
>
> > auf Lagerbestände (sekundärer Handelsbedarf),
> > Produktionskapazität (sekundärer Produktionsbedarf)
> > oder Einkaufsmöglichkeiten (sekundärer Zukaufbedarf)
> > zurückgegriffen.

In diesem Modell steht die Produktion, quasi als „interne Beschaffung", auf einer Stufe mit dem Einkauf als „externe Beschaffung". Eine Priorisierung der eigenen Produktion findet nicht statt, sondern es werden vorhandene Kapazitäten, Liefertermine und Deckungsbeiträge objektiv miteinander verglichen.

Ein wichtiges Ergebnis aus dieser Dispositionslogik wäre, daß die eigene Produktion der Konkurrenz des Marktes ausgesetzt würde und der ihr heute praktisch zugute kommende automatische Schutz entfiele. Die Realität in heutigen Betrieben ist jedoch die Akzeptanz der auszulastenden Produktion, d. h. eine Beharrung im Denken der Produktionsphase.

3.2.2.1.4 Die Kalkulationssystematik

Die Kostenträgerrechnung vollzieht sich heute noch ebenso wie vor 50 oder 70 Jahren. Jedes Produkt kostet die Summe der Kosten der Teile/Baugruppen zuzüglich Montage. Für jedes Teil/jede Baugruppe gilt entsprechendes. Die festgestellten Kosten bestehen aus Materialkosten, der Fertigungszeit multipliziert mit (Maschinen-)Stundensätzen und diversen Zuschlägen. Maschinenstundensätze werden auf der Basis einer – oft zu hoch veranschlagten – Auslastung errechnet, und die Zuschläge sind weitgehend unsicher. Das Ergebnis ist ein Kostenpreis, der von der Realität erheblich abweichen kann, wobei die Abweichung indessen meist nicht zu Konsequenzen führt. Dies ist jedoch nicht der zentrale Aspekt unserer Überlegungen.

Die angesprochene Summation der Teilepreise zu einem Produktpreis wird unabhängig von der Produktkomplexität durchgeführt. Besteht also ein Produkt A aus den Teilen B und C, so zeigt die Kalkulation als Kosten für A:

(Herstell-)Kosten für B
+
(Herstell-)Kosten für C
+
Montagekosten

Besteht nun ein Produkt X aus 1000 Einzelteilen und/oder Baugruppen (Xi), so belaufen sich seine Kosten auf

$$Hk \text{ für } X = Hk_{x1} + Hk_{x2} + \ldots + Hk_{x1000} + \text{Montage}$$

Wir tun damit so, als ob Komplexität ein lineares und kein progressives Problem ist, obwohl wir wissen, daß beispielsweise die Fehlersuche am Produkt X mehr als fünfhundertmal aufwendiger ist als am Produkt A. Weil wir jedoch unsere Produkte nicht mit Komplexitätsaufschlägen versehen – um die tatsächlichen Logistikkosten abzubilden –, ist die vollständige Eigenfertigung hochkomplexer Produkte scheinbar günstiger als der Zukauf von Komponenten und die Beschränkung auf die Montage.

Damit schützt unsere Kalkulationssystematik die Eigenfertigung und auch die Produktionsorientierung.

3.2.2.1.5 Die Make-or-buy-Entscheidung

Unabhängig von den vorhandenen Dispositions- und Kalkulationsschemata ist es interessant, den Prozeß der Make-or-buy-Entscheidung zu beleuchten.

Üblicherweise wird diese Entscheidung im Zusammenspiel von Kalkulation, Arbeitsvorbereitung und Einkauf unter starker Einflußnahme der Geschäftsleitung getroffen. Mit Ausnahme des Einkaufs sind alle Beteiligten mehr oder minder an einer Eigenfertigung interessiert:

– die Geschäftsleitung aus Gründen der Fixkostendeckung durch hohe Auslastung,
– die Arbeitsvorbereitung zum Nachweis der Konkurrenzfähigkeit der von ihr betreuten Produktion und
– die Kalkulation zur eigenen Existenzsicherung sowie aus Verbundenheit zur Arbeitsvorbereitung, zu der sie oft gehört.

Nicht berücksichtigt werden bei dieser Entscheidung die Belange der Auftragssteuerung, also der kurzfristige Kapazitätsaspekt.

Entsprechend häufig wird demzufolge für Eigenfertigung entschieden und damit zum Schutz der eigenen Produktion. Daß diese Entscheidungen oft unbewußt, d. h. ohne Wissen um das wahre erkenntnisleitende Interesse getroffen werden, ist besonders bedenklich.

Besonders augenfällig tritt das Schutzbedürfnis der eigenen Produktion zutage, wenn im Rahmen der Fremdvergabe eine Quote festzulegen ist, wenn also Fremdfertigung und Eigenfertigung nebeneinander bestehen sollen. Geübte Praxis ist, daß in solchen Fällen der Lieferant zur Abdeckung der Auslastungsspitzen herangezogen wird, während die Fertigung der Grundlast im Haus verbleibt. Dieses Verfahren hat folgende Nachteile:

- aufgrund unsicherer Beschäftigung muß der Lieferant teurer anbieten, als dies bei Vergabe von Grundlast möglich wäre,
- die eigene Fertigung wird vor Flexibilitätswünschen geschützt, d. h. auch vor der Notwendigkeit, Rüstvorgänge zu rationalisieren und
- bei einem Beschäftigungsrückgang trifft schon nach kurzer Zeit die Unterbeschäftigung das eigene Haus.

Alle Nachteile wären mit einem Schlag zu beheben, wenn sich mittelständische Betriebe entschließen könnten, Grundlastproduktion an Lieferanten abzugeben und sich selbst auf die Bewältigung der Spitzen zu konzentrieren. Dies jedoch erfordert einiges Umdenken und vor allem eine Abkehr von der Produktionsorientierung hin zur Engineeringorientierung.

3.2.2.1.6 Das Entlohnungssystem

Obwohl heute der Fertigungslohn an den Vollkosten der Produkte gerade noch zehn bis 25 Prozent ausmacht und dieser Anteil weiter sinkt, verwenden die meisten mittelständischen Betriebe erhebliche Energie auf die Aufrechterhaltung und Pflege eines leistungsorientierten Entlohnungssystems in der Produktion. Auch wenn Betriebsvereinbarungen, tarifrechtliche Regelungen und die prinzipielle Löchrigkeit gerade der Akkordsysteme de facto schon einer Festlohnregelung gleichkommen, wollen diese Betriebe das traditionsreiche Entlohnungssystem aufrechterhalten. Sie übersehen dabei, daß

- an vielen Arbeitsplätzen das Arbeitstempo längst von Maschinen bestimmt wird,
- oft nur noch Gruppenarbeit sinnvoll ist und für diese Akkord demotivierend wirkt,
- Qualität oft schon wichtiger als Menge ist,
- Leistungslohnsysteme zu einer – durchlaufzeitverlängernden – Arbeitszerlegung zwingen und
- die präzise Datenerfassung erhebliche Kosten verursacht.

Man gewinnt den Eindruck, daß in vielen mittelständischen Betrieben Leistungslohn in der Produktion einfach dazugehört, obwohl es schon heute viel wichtiger wäre, in den Engineering- und Logistikbereichen Leistungsanreize zu schaffen, da hier die Kostenbeeinflussungsmöglichkeiten ungleich größer sind. Prämiensysteme etwa in der Produktentwicklung, Auftragsabwicklung oder dem Einkauf wären viel eher dazu angetan, die Marktnähe und das Kostenbewußtsein im Betrieb zu fördern. Voraussetzung dazu wäre indessen ein anderer Stellenwert der Engineering- und Logistikfunktionen, und gerade dazu können sich diese Betriebe bis heute nicht durchringen.

3.2.2.1.7 Die Tabu-Themen

Tabu-Themen sind ein sicheres Indiz für erkannte, aber verdrängte Schwächen. Vier wichtige Tabu-Themen in mittelständischen Betrieben sind folgende:

- die Auslastung der Produktion,
- die Frage, wer im Betrieb das Geld verdient,
- die Frage, wer die Träger der Unternehmensidee sind und
- was die Kunden vom Betrieb erwarten.

Die Auslastung der Produktion

Die Auslastung der Produktion ist in vielen Betrieben eine Forderung, die sehr starke Züge eines Zieles trägt und mit der auch die Notwendigkeit von (Umsatz-)Wachstum begründet wird. Dieses Primat der Auslastung ist allerdings immer dann höchst fatal, wenn der Betrieb einen Käufermarkt bedient, denn Käufermärkte sind gekennzeichnet durch ein Ungleichgewicht von Angebot und Nachfrage dergestalt, daß das Angebot die Nachfrage übersteigt. Anders ausgedrückt: Die Branchenkapazität ist größer als die ihr gegenüberstehende Nachfrage, und damit müßte volle Auslastung aller Betriebe zu einer – unsinnigen – Produktion auf Halde führen. Das Problem ist nur dadurch zu lösen, daß

- entweder schwache Betriebe auf Beschäftigung (Auslastung) zugunsten starker verzichten und, indem sie vom Markt verschwinden, die Branchenkapazität verringern

– oder die Betriebe lernen, mit Unterauslastung zu leben, wie es uns japanische Unternehmen vormachen.

Deutsche Mittelbetriebe verfolgen fast ausschließlich den ersteren Weg, obwohl er stets mit Ertragseinbußen verbunden ist, weil der Auslastungskampf fast immer über einen Preiskampf geführt wird. Mit anderen Worten verzichten viele Betriebe auf Ertrag, um ihre Produktion auf dem einmal erreichten Niveau zu halten, auch wenn dieses volkswirtschaftlich nicht sinnvoll ist. Erst wenn diese Betriebe bereit sind, ihre Produktion zu *zwingen*, mit Unterbeschäftigungssituationen wirtschaftlich umzugehen und damit das zu kopieren, was japanische Betriebe längst können – weil sie das Auslastungsprimat nie anerkannt haben – werden deutsche Betriebe die Flexibilität gewinnen, die sie in der aktuellen Bedeutungsrelation der Phasen benötigen.

Wer verdient das Geld im Betrieb?

Die Mehrzahl mittelständischer Betriebe lebt in der Überzeugung, das Geld werde in der Produktion verdient, bzw. ohne diese Produktion würde die Ertragskraft schrumpfen. Möglicherweise resultiert diese Ansicht aus der Erinnerung an die geradezu exorbitanten Rationalisierungserfolge der Produktionsbereiche in der Vergangenheit. Man vergißt dabei allzu leicht, daß zum einen diese Erfolge sich nicht in die Zukunft extrapolieren lassen und daß zum anderen die Rationalisierung zum allergrößten Teil über den Preis an den Kunden weitergegeben wurde.

Auch ist diesen produzierenden Betrieben oft nicht recht bewußt, daß andere Betriebe sehr wohl ohne Produktion auskömmlich leben, etwa Handelsbetriebe, und sie verdrängen überwiegend die Tatsache, daß auch sie selbst an Handelsware gewöhnlich erheblich größere Margen verdienen als an ihren eigenen Produkten.

Wir dürfen heute vermuten, daß entgegen der allgemeinen Auffassung das Geld keineswegs in der Produktion verdient wird, sondern

– zu einem erheblichen Teil im Engineering über die Entwicklung marktgängiger Produkte mit monopolistischen Accessoires und
– zum überwiegenden Teil im Einkauf durch überdurchschnittliche Beschaffungserfolge in Preis und Qualität.

Wenn überhaupt, dann trägt heute die so hoch gelobte und gehätschelte Produktion nur noch dort zum Ertrag bei, wo sie über Kernkompetenz verfügt, also konkurrenzlose Leistungen erstellt; dies jedoch ist in Mittelbetrieben eher selten.

Die gleiche Frage läßt sich auch anders beantworten: Es tragen alle die zum Erfolg bei bzw. verdienen das Geld, die etwas leisten, das zu diesem Preis nicht eingekauft werden kann. In der Mehrzahl der Betriebe sind dies

- das Vertriebssystem,
- der Name am Markt,
- das Produkt- und Problemlösungs-Know-how,
- die Einkaufsverbindungen,
- das Betriebsklima und
- die Organisation.

Die Produktion hat in diesem Konzert heute eher ein schwaches Stimmchen.

Wer verkörpert die Unternehmensidee?

Mit der konsequent verfolgten Auslastung der Produktion sichern die Betriebe die Beschäftigung von Mitarbeitern, die nicht nur einen höheren Krankenstand und eine höhere Fluktuation als die Angestellten aufweisen, sondern auch wesentlich schneller bereit sind, für bessere Bezahlung den Arbeitsplatz zu wechseln. Ihre Verbundenheit mit dem Betrieb, seinen Zielen und seiner Tradition ist im allgemeinen geringer als die der Angestellten. Mit dem Ausbau und der anerkannten Dominanz der Produktion kümmern sich die Betriebe um den Teil der Belegschaft, der die Unternehmensidee weit weniger verkörpert als die Angestellten, deren Belange viel nachlässiger berücksichtigt werden. Letzteres geht so weit, daß bei sich abzeichnender Ertragsschwäche zuerst im Gemeinkostenbereich rationalisiert wird statt in der Produktion.

Die mittelständischen Betriebe glauben heute noch nicht an die Bedeutung des Engineering und der Logistik und tun dies durch mangelnde Akzeptanz der in diesen Bereichen Beschäftigten kund, mittel- und langfristig zu ihrem eigenen Schaden.

Was erwarten die Kunden?

Auf die Frage nach den Kundenerwartungen an das Angebot des produzierenden Betriebes werden im allgemeinen folgende Stichwörter genannt:

- Qualität
- Liefertreue
- günstiger Preis
- guter Service

Alle diese Punkte haben mit der Fertigung nur indirekt zu tun; Liefertreue, sprich kurze Durchlaufzeit, und günstiger Preis, sprich flexible Make-or-buy-Entscheidung, werden sogar von der Produktionszentrierung mit ihrem Schutz tayloristischen Gedankengutes behindert.

Kaum ein Kunde erwartet andererseits große Fertigungstiefe, etwa um sicherzustellen, daß sein (des Kunden) Know-how nicht an Dritte (Unterlieferanten) weitergegeben wird und dadurch der Konkurrenz zugänglich gemacht werden kann; Ausnahmen gibt es, doch sind sie nicht bedeutend genug, um daraus die Notwendigkeit großer Fertigungstiefe generell abzuleiten.

Auch das Argument, Qualität könne nur durch Eigenfertigung gewährleistet werden, wurde bereits oben widerlegt und ist angesichts eines durchschnittlichen Zukaufanteils von ca. 40 Prozent vom Umsatz der gesamten Industrie in Deutschland ohnehin völlig lächerlich.

Anders ausgedrückt, der Kunde erwartet hochwertige, rasche und preisgünstige Lösung seines Problems, aber es ist ihm wenig oder nichts daran gelegen, ob sein Lieferant diese Leistung größtenteils zukauft oder selbst erstellt, d. h. er hat so gut wie kein Interesse an der Produktion des Lieferanten – ganz im Gegensatz zu diesem.

Alle Tabuthemen stellen einen anachronistischen Versuch dar, die Bedeutung der Produktionsphase hochzuhalten, obwohl die Zeit über diese Rolle längst hinweggegangen ist. Aus der Sicht der Organisationsgestaltung befinden wir uns in der Kampfphase mit ersten Anzeichen von Konfusion.

3.2.2.2 Mangelnde Engineeringphasenkonformität

Die Überbetonung der Produktion muß einer Unterrepräsentanz des Engineering entsprechen. So kann aus den Ausführungen des Punktes 3.2.2.1 an vielen Stellen ohne Schwierigkeit durch Umkehrschluß auf die Mißachtung des Engineering in der Organisation geschlossen werden.

Wir wollen diese Punkte nicht wieder aufgreifen, sondern zusätzliche, eventuell weniger auffällige ansprechen, die jedoch das Grundproblem genauso verdeutlichen.

Wir erkennen deutliche Merkmale für die zu geringe Beachtung des Engineeringgedankens in der Organisation mittelständischer Betriebe in

- fehlender bzw. mangelhafter Projektorganisation,
- falschem Investitionsdenken,
- Taylorismus in den Engineeringabteilungen,
- fehlenden Durchsetzungsmöglichkeiten gegen Dritte.

Fehlende oder mangelhafte Projektorganisation

Mit immer kürzer werdenden Innovationszyklen und laufend steigender Produktkomplexität wachsen die Anforderungen an alle Engineeringabteilungen nicht mehr linear, sondern progressiv. Dabei sind diese Anforderungen nicht in erster Linie in Kreativität zu sehen, sondern in rascher und reibungsarmer Koordination aller Beteiligten von der Vorentwicklung über die Konstruktion, die Betriebsmittel-/Werkzeugkonstruktion, den Werkzeugbau, die Arbeitsvorbereitung bis hin zur Qualitätsplanung. Diese Koordination kann nur gewährleistet werden, wenn sie in einer Verantwortung liegt, d. h. wenn eine Person für alle Betroffenen Weisungsbefugnis und Sanktionsmöglichkeiten besitzt. Beides ist nicht gegeben, wenn die an einem Projekt Arbeitenden verschiedenen Vorgesetzten disziplinarisch unterstellt sind, das Projekt also abteilungsübergreifend abgewickelt wird.

Bemerkenswerterweise haben mittelständische Betriebe dieses Problem wohl erkannt und auch nach Lösungen gesucht, an der produktionskonformen Verrichtungsgliederung der Gesamtorganisation aber nicht zu rütteln gewagt. Entstanden ist ein Homunkulus: der Projektverantwortliche, der fachliche Weisungsbefugnis gegenüber Mitarbeitern anderer Abteilungen besitzt, mithin also eine Matrixorganisation.

Nun zeigt die Praxis an beliebig vielen Beispielen, daß Matrixorganisationen immer dann zum Problem werden, wenn der Mitarbeiter bei Überlastung Prioritäten setzen muß zwischen Aufgaben, die er von seinem Disziplinarvorgesetzten erhalten hat und solchen, die er für den Projektverantwortlichen erledigen muß. Die Erfahrung lehrt, daß sich der Mitarbeiter in diesen Fällen prinzipiell für seinen Vorgesetzten entscheidet und das Projekt vernachlässigt. Dies erklärt auch, warum Projekte nahezu regelmäßig in Terminschwierigkeiten kommen.

Wir erkennen daran, daß die gute – aber halbherzige – Absicht, eine veraltete Organisation durch einen modernen Überbau zu erneuern, an der Kraft der etablierten – und unbewußt verteidigten – Strukturen scheitert. Tayloristischen, produktionsorientierten Organisationen ist nicht mit Ergänzungen beizukommen; sie müssen zumindest in den Engineeringbereichen abgelöst werden ohne Rücksicht darauf, ob dadurch eventuell die bisher bevorzugte Produktion ein wenig aus dem Rampenlicht rückt.

Die Forderung lautet demnach: Einführung einer konsequenten Projektorganisation mit Zusammenfassung aller an einem Projekt Arbeitenden unter einem Vorgesetzten, mithin also die Schaffung *temporärer Organisationen*. Nur so kann das Engineering aus dem organisatorischen Schatten der Produktion heraustreten.

Falsches Investitionsdenken

Investitionen sind Anschaffungen von Leistungspotentialen, die nicht in einer Rechnungsperiode verbraucht werden. Als Investitionen behandeln wir Gebäude, Maschinen, Werkzeuge, Lagereinrichtungen etc. Diese Sicht ist aus dem Blickwinkel der Produktionsphase richtig, denn der in der Fertigung arbeitende Mensch stellt durch seine Anwesenheit Leistungspotential dar, das zeitgleich entlohnt wird, ist somit keine Investition.

Ganz anders ist die Situation mit Menschen, die keine einfachen repetitiven Tätigkeiten ausführen, sondern die über Know-how verfügen. Dieses Wissen wird außerhalb des Betriebes (Ausbildung) und innerhalb des

Betriebes (Erfahrung) kumuliert, d. h. es wird ein Leistungspotential geschaffen, das nicht in einer Periode verbraucht wird. Die Investitionen, die ein Diplom-Ingenieur mit zehnjähriger Betriebserfahrung „gekostet" hat, liegen bei ca. 500 000,– DM. Dennoch verhalten sich gerade Mittelbetriebe so, als ob Wissen ein freies Gut sei, und pflegen diese Investitionen nicht; sie verwalten sie lediglich in der Personalabteilung mit ihren persönlichen Daten.

Engineeringorientierung bedeutet Aktivierung des Know-hows z. B. in einer Sozialbilanz, Gegenüberstellung dieses Kapitals und des Produktionskapitals und Aufzeigen, welche Kapitalform für den Betrieb langfristig wichtiger ist. Nur wenn dies gelingt, bestehen Chancen, die Bedeutung des Engineering angemessen hervorzuheben und aus der Zuarbeitsrolle für die Produktion zu befreien.

Taylorismus in den Engineeringabteilungen

Während wir oben die störenden Abteilungsgrenzen im Engineering diskutiert haben, so müssen wir nun noch einen Blick auf die interne Organisation dieser Abteilungen werfen. Wie kaum anders zu erwarten war, sind die Engineeringabteilungen in Mittelbetrieben arbeitsteilig organisiert und stellen damit ein Abbild der Produktion dar. Doch wenn es in dieser noch sinnvoll ist, so lähmt es in jenen die Aufgabenerledigung. Klar beschriebene Aufgaben können gut arbeitsteilig erledigt werden, komplexe, interpretationsfähige und solche mit mehreren Lösungswegen dagegen nicht.

Der Engineeringmitarbeiter an der Basis benötigt einen weitaus größeren Handlungs- und Entscheidungsspielraum als ein Mitarbeiter an einer Maschine. Er braucht entschieden mehr Wissen über Zusammenhänge, um die Folgen seiner Arbeit richtig einstufen zu können, und er muß auch die Verantwortung für sein Tun tragen lernen. All dies verbietet tayloristische Aufgabenzergliederung und erheischt neue Formen der Aufgabenbeschreibungen, neue Wege der Kontrolle, neues Budgetwesen und nicht zuletzt neue Honorierungsgrundsätze. Jede Übertragung altbewährter produktionskonformer Methoden auf das Engineering zwingt dieses in den Geist der Produktion und hindert seine Entfaltung, die angesichts der Gesamtbedeutung des Engineering dringendst erforderlich ist.

Zusammenfassend sei festgestellt, daß gerade Mittelbetriebe das Engineering wie die Produktion organisiert haben und auch so sehen und für die Zukunft gut beraten wären, kurzfristig seine Emanzipation nicht nur zuzulassen, sondern zu fördern.

3.2.2.3 Fehlende Logistikkonformität

Es ist heute eine Tatsache, daß logistisches Gedankengut in Mittelbetrieben über Lippenbekenntnisse hinaus noch nicht Fuß gefaßt hat. Während Großbetriebe bereits umfangreiche über- und innerbetriebliche Logistikkonzepte entwickelt haben und umzusetzen beginnen, ist für Mittelbetriebe Logistik noch so etwas wie ein mixtum compositum aus Just-in-Time, Kanban, Lieferantenbeurteilung und Bestandskontrolle.

Wie weit es von dieser Sicht bis zu einer angemessenen Repräsentanz der beginnenden Logistikphase im Mittelbetrieb ist, sollen die folgenden Stichworte zeigen, die wieder nur wichtige Beispiele ohne Anspruch auf Vollständigkeit sind:

- Umfang logistischer Funktionen
- Repräsentanz der Logistik in der Organisation
- Beschaffungslogistik
- Absatzlogistik
- Ressourcenmanagement

Umfang logistischer Funktionen

In der Militärwissenschaft ist Logistik die Lehre von der Versorgung. Überträgt man diese Definition auf Wirtschaftsbetriebe, so müßte die Logistik zuständig sein für die Versorgung

a) des Betriebes mit Ressourcen und
b) des Marktes mit betrieblichen Leistungen.

Die im Betrieb benötigten Ressourcen sind

- Arbeitskräfte,
- Realkapital (Maschinen etc.) und
- Material.

Heute wird Logistik allgemein (noch) eingeschränkt auf die Zuständigkeit für Material. Dazu gehören

- die Materialbeschaffung mit Einkauf und Disposition,
- die Materialverwaltung und
- die Materialflußsteuerung/Fertigungssteuerung.

In manchen Mittelbetrieben sind diese Funktionen teilweise in einer Abteilung „Materialwirtschaft" zusammengefaßt – meist unter Ausschluß der Fertigungssteuerung, in anderen Betrieben in „Logistikabteilungen" oft unter Ausschluß des Einkaufs. Auch eine organisatorische Verzahnung mit den Belangen des Absatzmarktes, etwa in einer Abteilung „Auftragszentrum", ist heute noch selten. Noch nicht die Regel ist ferner die konsequente Zusammenfassung der Bestandsverantwortung vom Rohmateriallager bis zum Fertiggerätelager. Die Ausnahme schließlich ist die Übertragung der Verantwortung für die Kapazitätsnutzung an eine Logistikabteilung.

Und doch sind all diese Funktionen logistische Funktionen im Sinne der Verantwortlichkeit für das gesamte Auftragsgeschehen, d. h. selbst wenn Logistik auf das Management der Ressource Material beschränkt wird.

Mittelbetriebe müssen also erst noch beginnen, logistische Funktionen in ihrer Gesamtheit zu sehen und dafür eine organisatorische Einheit zu schaffen.

Repräsentanz der Logistik in der Organisation

Während in Großbetrieben die Logistik immer häufiger auf der Vorstands- oder Geschäftsführerebene vertreten ist, wird dieser Aufgabenkomplex oder ein mehr oder minder zufälliger Teil daraus in Mittelbetrieben fast immer niedriger angesiedelt, etwa als Bereich oder als Abteilung. Dabei finden sich sowohl Unterstellungen unter die kaufmännische als auch technische Geschäftsführung, gelegentlich sogar unter die Produktion (!).

Die so geschaffene Gleichrangigkeit mit anderen, weitaus weniger zukunftsträchtigen Einheiten wie dem Rechnungswesen, der EDV-Abteilung oder der Arbeitsvorbereitung muß die Logistik in ihrer Entfaltung hindern. Mit dieser Entfaltung ist indessen keineswegs eine Bevormundung anderer Bereiche gemeint, sondern die Notwendigkeit, logistisches Gedankengut im Betrieb zu verbreiten, Markterfordernissen (Käufermarkt!) im Betrieb Gehör zu verschaffen und dazu beizutragen, daß die gesamte Wirtschaftseinheit sich als flexibles Glied in der Kette des gesamtwirtschaftlichen Produktionsprozesses versteht.

Daß diese Entfaltung dringend nötig ist, mag die Tatsache belegen, daß die Wertschöpfung aller Betriebe relativ laufend sinkt und der Materialanteil dementsprechend steigt, in manchen Betrieben heute schon auf über 50 Prozent vom Umsatz. Dieser Prozentsatz ist Ausdruck der Verflechtung mit dem Beschaffungs- *und* Absatzmarkt, und diese Verflechtung muß im Betrieb eine starke Stimme erhalten, eine stärkere jedenfalls, als ihr bisher auf Abteilungsebene zugestanden wurde.

Beschaffungslogistik

Die Verflechtung zum Beschaffungsmarkt wird heute durchgängig durch den Einkauf gestaltet. Dieser Bereich ist in Mittelbetrieben regelmäßig personell und qualitativ unterbesetzt und beschäftigt sich vornehmlich mit Terminaufgaben, Qualitätsproblemen und der Abwicklung von Retouren. Strategisch wichtige Funktionen wie

- Beschaffungsmarktforschung,
- Lieferantenbeurteilung,
- Lieferantenqualifizierung,
- Konzeptentwicklung für Zusammenarbeit mit Lieferanten,
- Rahmenauftragsgestaltung,
- Integration der Lieferanten in einen Kommunikationsverbund,
- Werkzeugüberwachung bei Lieferanten etc.

werden kaum oder gar nicht wahrgenommen, und auch für Preisgespräche bleibt gefährlich wenig Zeit.

Von einer optimalen Bearbeitung des Beschaffungsmarktes kann angesichts dieser Situation keine Rede sein; auch nicht von der Entwicklung neuer Kunden-Lieferanten-Beziehungen hin zu einem partnerschaftlichen Verhältnis. Der Einkauf bleibt degradiert zu einem Versorger der Produktion und kann sich nicht zu einem starken Mittler nach außen entwickeln. Wenn sich diese Rolle des Einkaufs nicht ändert – und damit die Logistik insgesamt Bedeutung im Betrieb hinzugewinnt – wird der

Betrieb immer schneller in eine reaktive Position am Beschaffungsmarkt gedrängt, was bei 40 Prozent Materialanteil mehr als nur bedenklich ist.

Absatzlogistik

Auch die Absatzlogistik steckt in den Mittelbetrieben überwiegend noch in den Kinderschuhen. Außer der Auftragsannahme, Auftragsabwicklung und -erledigung unter Zuhilfenahme von Spediteuren geschieht wenig. Selbst vor dem Hintergrund des EG-Binnenmarktes verfügen mittelständische Betriebe nur selten über ein Konzept zur zentralen oder dezentralen Produktion und Lagerbevorratung, über moderne Vorstellungen zur Distribution und zur beschleunigten internationalen Auftragsabwicklung.

Marktanforderungen gelangen mangels ausführlicher Absatzpläne zu spät oder überhaupt nicht in den Betrieb, Kundenkontakte werden streng kanalisiert – bei oft überlasteten Kanälen – und das Zusammenspiel von technischer und kaufmännischer Auftragsbearbeitung ist ebenso unstrukturiert wie das zwischen Innen- und Außendienst.

Diese nicht mehr zeitgemäße Rolle der Vertriebslogistik kann oft nicht einmal verhindern, daß der Kunde im Betrieb als lästig oder störend empfunden wird, was so weit gehen kann, daß er regelrecht zum Feindbild wird.

Das ist kein Wunder, denn aus der Sicht der Produktion, die Gleichmäßigkeit, Störungsarmut und Standardprodukte schätzt, stört der Kunde wirklich. Nun müssen die Mittelbetriebe dem Vertrieb/der Vertriebslogistik so viele Rechte und Entfaltungsmöglichkeiten einräumen, bis die Produktion begreift, daß ihr Gestörtsein stört. Erst dann hat Logistik den richtigen Stellenwert im Betrieb.

Ressourcenmanagement

Logistische Funktionen werden langfristig nicht auf die Ressource Material beschränkt bleiben. Da Material nur ein anderer Aggregatzustand von Kapazität ist, muß die Logistik zukünftig auch das Kapazitätsmanagement übernehmen, d. h. sich kümmern um

– maschinelle Kapazität und
– personelle Kapazität.

Auch werden Ressourcen nicht nur in der Produktion, sondern beispielsweise auch im Engineering benötigt, und es ist nicht einzusehen, warum die Logistik nicht auch Know-how-Kapazität verwalten sollte, etwa dergestalt, daß externe Engineeringbüros von ihr eingeschaltet werden.

Damit wandelt sich der Inhalt logistischer Aufgaben von einer Beschaffungs-, Verwaltungs- und Versorgungsfunktion hin zu einem Koordinationsmanagement. Koordination wird heute wohl in allen Betrieben dezentralisiert betrieben, was so lange richtig ist, wie keine übergeordnete Koordination erforderlich wird. Braucht man dagegen letztere, so muß der – heute fehlende – Gesamtkoordinator geschaffen werden, und das wird voraussichtlich die Logistik sein.

Nicht daß der Ausbau der Logistik in diese Richtung drängen würde; aber um den Weg dahin nicht zu versperren, muß der Logistik schon kurzfristig der Entwicklungsspielraum gegeben werden, der der Bedeutung der Logistikphase mittlerweile entspricht. Dominanz durch die Produktion kann dabei nur schädlich sein.

3.2.3 Großbetriebe

Die Betrachtung der kleinen und mittleren Betriebe hat gezeigt, daß mit zunehmender Größe

– die Marktnähe abnimmt,
– die Beharrung in einer produktionszentrierten Organisation zunimmt,
– die Entfaltung des Engineeringbereichs eher behindert als gefördert wird und
– das Gefühl für logistische Bedürfnisse nur mühsam wächst.

Wir haben ferner gesehen, daß mit dem Übergang von unscharfen Organisationsstrukturen in Kleinbetrieben in klar gegliederte in Mittelbetrieben auch die Beharrung auf dem einmal Festgelegten zugenommen hat, denn anders ist die Produktionsphasenkonformität der Mittelbetriebe kaum zu erklären.

Nun läge es nahe anzunehmen, daß mit dem Übergang zum Großbetrieb (mit mehr als 3 000 Beschäftigten oder 500 Millionen DM Umsatz/a) diese Entwicklungen in der bisherigen Richtung weiterlaufen würden und damit die Erstarrung in traditionellen Ansichten und Organisationsformen noch zunähme. Doch wie wir schon vorne (Punkt 3.1.2) gesehen haben, ist dem nicht so, und Großbetriebe sind durchaus in der Lage, auf Marktveränderungen nicht mit Kampf und Konfusion zu reagieren, sondern ihr Zielsystem so auszurichten, daß ein reibungsarmer organisatorischer Übergang möglich wird.

Wir wollen die vorne genannten Gründe für diese vorteilhafte Situation der Großbetriebe nicht wiederholen, und wir wollen auch nicht verhehlen, daß es genug Beispiele rückständiger Großbetriebe gibt, ebenso wie sich hin und wieder fortschrittliche Mittelbetriebe finden.

Stattdessen sollen im folgenden – gewissermaßen in einer Fortführung oder aufbauend auf der geschilderten Situation der Mittelbetriebe – die Unterschiede dargestellt werden, die in den Großbetrieben zu mehr Phasennähe geführt haben und weiter führen. Abgesehen von diesen Unterschieden gelten die für die Mittelbetriebe gemachten Ausführungen.

Wir teilen diesen Abschnitt ein in

- neues Denken in der Produktion,
- Ansätze zur Reorganisation des Engineering und
- Repräsentanz der Logistik,

um wieder die Phasenbedeutung und vor allem jüngste Versuche zu einer phasengerechten Organisation hervorheben zu können.

3.2.3.1 Neues Denken in der Produktion

Organisatorisch Neues in der Produktion der Großbetriebe läßt sich in folgende Gruppen zusammenfassen:

- Bildung kleiner Einheiten,
- Konzentration auf Durchlaufzeitverkürzung und
- Flexibilisierung durch Verringerung der Fertigungstiefe.

3.2.3.1.1 Bildung kleiner Einheiten

Großbetriebe beginnen seit wenigen Jahren damit, die bisher werkstattorientiert organisierten, quasi monolithischen Produktionsbereiche zu zerschlagen. An ihre Stelle treten kleine Fertigungsbereiche, die für die Herstellung einer Produktgruppe ausgerüstet sind und die auch mit den wichtigsten Servicefunktionen (z. B. Instandhaltung, Arbeitsvorbereitung, Qualitätssicherung) ausgestattet sind, um im Tagesgeschäft autonom zu sein.

In den kleinen Einheiten sind Vorfertigung, Baugruppenfertigung und Montage vereint, so daß ein (Kunden-)Auftrag nur noch in einer Zuständigkeit abgewickelt wird und keinen Verantwortungswechsel mehr erlebt.

Nebeneinander bestehende Produktionseinheiten können untereinander Leistungen austauschen, beispielsweise bei freier Kapazität, niemand ist jedoch verpflichtet, „im Haus zu kaufen". Diese Produktionsbereiche werden mit all derjenigen Funktionen ausgestattet, die zur technischen Auftragsbearbeitung nötig sind, und können im eigenen Ermessen Fertigungsunterlagen erstellen oder auch darauf verzichten.

Die Einheiten haben Budgethoheit und sind dadurch für ihren Erfolg – auch am Markt – mitverantwortlich. Wird – in seltenen Fällen – auch der Vertrieb analog zu den Produktionseinheiten nach Produktgruppen aufgespalten, so sind alle wichtigen Voraussetzungen zur Schaffung von Profitcenters gegeben.

Gelingt die Einrichtung dieser kleinen Produktionseinheiten, so vollzieht der Betrieb eine radikale Abkehr vom Produktionsphasendenken. Die kleine Einheit wird über die Loslösung aus einem großen Verband konsequent dessen Schutzes beraubt und den Anforderungen des Marktes schonungslos ausgesetzt. Mit der Pflicht, sich für die termintreue Erledigung von Kundenaufträgen zu interessieren, wird radikal mit dem Auslastungsdenken aufgeräumt. Auch die problembehafteten Schnittstellen zwischen Produktion und Engineering werden reduziert: Das Engineering nähert sich der Produktion und muß mehr Verständnis für dessen Belange entwickeln, so wie umgekehrt das Engineering von der Produktion mehr Flexibilität erwarten darf.

In der kleinen Einheit wird die Fertigung selbst immer stärker zu einem Dienstleistungsbereich für den Markt und verschwindet dadurch aus dem Zentrum organisatorischer Bemühungen, in das der (Absatz-)Markt rückt. Damit vollzieht ein Großbetrieb mit der Bildung kleiner (Produktions-)Einheiten den Übergang von der anachronistischen Produktionszentrierung hin zu einer marktgerechten Logistikorientierung unter Berücksichtigung der vitalen Interessen der Produktion und des Engineering, allerdings ohne deren Dominanz!

Die Einrichtung kleiner Einheiten kann heute nur punktuell gelingen, da in der überwiegenden Zahl der Großbetriebe

– der Vertrieb zu schwach ist, diesen Weg aktiv mitzugestalten und seine
  – logistischen – Interessen geltend zu machen,
– das Engineering die Marktnähe scheut und daher das Konzept unterläuft und
– die Grundgedanken logistischer Konzepte im Betrieb nicht ausreichend bekannt sind.

Doch gerade wegen seiner großen Marktkonformität und damit Zukunftsträchtigkeit ist das System kleiner Einheiten als Idealmodell ein langfristig anzustrebendes Ziel, zu dessen Erreichung viele Schritte gegangen werden müssen, deren Richtung damit aber festlegt und wodurch Kampf- und Konfusionsphasen im organisatorischen Umgestaltungsprozeß minimiert werden können.

3.2.3.1.2 Konzentration auf Durchlaufzeitverkürzung

Ein solcher kleiner Schritt zur Überwindung der überalterten Produktionsphasenausrichtung ist die intensive Auseinandersetzung mit dem Durchlaufzeitenproblem.

Durchlaufzeiten im Betrieb sind für die Hersteller auf einem Verkäufermarkt überhaupt kein Problem: Der Kunde hat zu warten, bis er dran ist. Ganz anders ist die Situation dagegen auf einem Käufermarkt, wo der schnellste Anbieter zum Zuge kommt. Daß die Durchlaufzeit heute tatsächlich zum Problem geworden ist, mag dadurch veranschaulicht werden, daß die Lieferzeit in den letzten 30 Jahren auf etwa ein Drittel bis ein Viertel früher gewohnter Werte gesunken ist.

Bei der Untersuchung des Phänomens Durchlaufzeit wurde festgestellt, daß lediglich ca. zehn Prozent Bearbeitungszeit, dagegen ca. 90 Prozent Liegezeit zwischen Bearbeitungsvorgängen sind. Der Liegezeitanteil läßt sich senken, indem

- aus mehreren Bearbeitungsgängen einer gemacht wird und damit die Liegezeit *dazwischen* entfällt und
- die Warteschlangen vor jeder Bearbeitungsstation verringert werden durch Kapazitätserhöhungen und Begrenzung der Auftragsfreigabe.

Der erste Weg führt zur Einrichtung von Bearbeitungszentren, die in einer Aufspannung – ohne Liegezeit – ein Teil fertig herstellen. Der zweite Weg zwingt über Kapazitätserhöhungen und eine Senkung des Auftragsbestandes in der Produktion zu einer Abkehr vom Auslastungsdenken. Auf eine kurze Formel gebracht heißt das:

Das Durchlaufzeitprimat stürzt das Auslastungsprimat.

Damit ist eine Revolution in der Produktion verbunden, denn wie wir oben gesehen haben, gründet sich die überragende Rolle der Produktion im wesentlichen auf genau dieses Auslastungsprimat. Seine Ablösung entzieht der Produktion den wichtigsten Pfeiler für ihre Sonderbehandlung, Schutzwürdigkeit und Dominanz. Nun müssen nicht mehr alle anderen Bereiche für Auslastung (inkl. reibungsloser Abläufe) sorgen, sondern die Produktion selbst für die Wirtschaftlichkeit einer diskontinuierlichen Fertigung. Welch ein Umdenken!

Allerdings muß an dieser Stelle eingeräumt werden, daß in der Praxis die Durchsetzung des Durchlaufzeitprimats weiterhin auf große Schwierigkeiten stößt, insbesondere wenn ein schlechtes Ergebnis auf nicht gedeckte Fixkosten zurückgeführt wird. Allzu viele Geschäftsleitungen sind dann bereit, von ihrer neuen Linie wieder abzurücken und die alten Machtverhältnisse wiederherzustellen ...

3.2.3.1.3 Flexibilisierung durch Verringerung der Fertigungstiefe

Seit über 20 Jahren geht die Automobilindustrie mit gutem Beispiel voran: Sie reduziert kontinuierlich die Fertigungstiefe und wagt sich jetzt sogar an früher unvorstellbare Überlegungen wie den Zukauf von ganzen Türen. (Sie reduziert übrigens auch die Leistungstiefe im Engineering durch Vergabe von Entwicklungsaufträgen ohne allzu große Angst vor Know-how-Abfluß.)

Nur durch diese Reduzierung der Fertigungstiefe ist es ihr gelungen, die mit zunehmender Produktkomplexität progressiv steigenden Koordinationskosten im Griff zu halten. Anders ausgedrückt: Eine Produktion, die ich nicht habe, muß ich weder organisieren noch steuern, auslasten oder hoch- und runterfahren; sie frißt nicht meinen Platz, interessiert nicht meinen Betriebsrat und beschäftigt nicht mein Personalbüro. Technische Änderungen, Designänderungen, Modellwechsel etc. wären mit der heute vorhandenen Flexibilität unmöglich durchführbar, wenn dies alles von einer Stelle aus organisiert werden müßte.

Verringerung der Fertigungstiefe hat natürlich einen Preis: größere Abhängigkeit von Lieferanten, doch gibt es dazu nur die Alternative, auf Flexibilität zu verzichten, und das ist schlichtweg unmöglich.

Die konsequente Verringerung der Fertigungstiefe – mit der Beschränkung auf fertigungstechnische Kernkompetenzbereiche – ist der einzig gangbare Weg zur Sicherung der Flexibilität, sieht man einmal von riesigen Zwischenlägern in der Produktion ab. Die Verringerung der Fertigungstiefe bewirkt gleichzeitig die benötigte Korrektur im Stellenwert der Produktion und unterstützt die Logistik bei der Durchsetzung ihrer berechtigten Forderungen.

3.2.3.2 Ansätze zur Reorganisation des Engineering

Konsequenter als Mittelbetriebe haben Großbetriebe die tatsächliche Bedeutung des Engineering für ihre Zukunft erkannt und begonnen, mit

- Projektorganisation,
- Thematisierung des Serienanlaufs und
- Imagewerbung für das Engineering

diesem Bereich einen neuen Stellenwert zu geben.

3.2.3.2.1 Projektorganisation

Ganz im Sinne der Forderungen unter Punkt 3.2.2.2 versuchen Großbetriebe, Projektgruppen als organisatorische (Linien-)Einheiten zu etablieren; da dies schwierig ist, versuchen viele Betriebe, diese Einheitenbildung durch räumliche Separation oder im Zuge des Aufbaus neuer Standorte von Anfang an einzurichten. Interessant ist dabei, daß diesen Projektgruppen eine Vorserien- oder Prototypenfertigung beigeordnet wird, also alles in einer einheitlichen Verantwortung steht. Dadurch wird sichergestellt, daß die Projektarbeit nicht realititätsfern erfolgt, sondern sich von Anfang an mit Fertigungsproblemen befassen muß. Entscheidend ist jedoch die Dominanz des Engineering in Verbindung mit einer Rückführung der Produktion in einen Dienstleistungsstatus.

Daß damit gleichzeitig eine Aufwertung des Produktionspersonals durch Integration in den Engineeringprozeß stattfinden kann, sei nur am Rande vermerkt.

3.2.3.2.2 Thematisierung des Serienanlaufs

Noch stärker als in Mittelbetrieben war und ist der Serienanlauf in Großbetrieben ein ungelöstes Problem. Eine Vielzahl schlecht organisierter Schnittstellen, antiquiertes Abteilungsdenken, fehlende Bringschuldregelung, Kapazitätskonkurrenz mit dem Tagesgeschäft in Verwaltung und Produktion sowie mangelhafte Verantwortungsdefinition gestalten Serienanläufe immer wieder zu einem Abenteuer. Während Produktions- und Logistikbereiche den Serienanlauf geradezu als Störung empfinden, verzweifelt das Engineering infolge mangelnder Durchsetzungsmöglichkeiten.

Dieser Zustand wurde – trotz kürzer werdender Innovationszyklen – lange als gegeben und damit sozusagen unabänderlich hingenommen. Erst in jüngster Zeit mehren sich Stimmen, die eine Reorganisation des Serienanlaufs fordern, weil erkannt wurde, daß in einer reibungsarmen Einführung neuer Produkte gewaltige Ertragsreserven liegen; diese Erkenntnis haben übrigens japanische Betriebe bereits vor Jahrzehnten gewonnen.

Es bleibt zu hoffen, daß die Diskussion um den Serienanlauf intensiviert wird und zu grundsätzlichen organisatorischen Veränderungen – etwa hin zu mehr Projektorganisation – führt, da diese wieder nur den Stellenwert des Engineering insgesamt stärken und die Organisation näher an die aktuelle Phasenausprägung heranführen können.

3.2.3.2.3 Imagewerbung für das Engineering

Großbetriebe, insbesondere Konzerne, legen seit einigen Jahren verstärkt Wert darauf, das Image von Produktionsbetrieben abzuschütteln. Produktion ist im Bewußtsein der Öffentlichkeit zwar immer noch wertvoll, weil wohlstandschaffend und zukunftsichernd, sie wird aber zunehmend in Verbindung gebracht mit qualmenden Schornsteinen, Umweltbelastung, Krankheit, deprimierenden Landschaften.

Viele Konzerne bemühen sich intensiv, weniger als Produktionsunternehmen gesehen zu werden, sondern vielmehr als Technologieunternehmen. Beispiele hierfür sind alle deutschen Konzerne von Daimler-Benz über Siemens bis zu Hoechst und Mannesmann. Sie präsentieren sich der Öffentlichkeit mit Bildern aus ihren Forschungsabteilungen und erwähnen oft sogar, wie gering der Anteil ist, den der Fertigungslohn an den Vollkosten ausmacht (Siemens). Sie liefern immer öfter Informationen über ihre Investitionen in Forschung und Entwicklung und immer seltener über diejenigen in der Produktion.

Der Begriff High-Tech, der heute von zahllosen Betrieben dem eigenen Leistungsvermögen verliehen wird, ist eine unverhüllte Kampfansage an die Maschinensäle der (jüngsten) Vergangenheit. Dieser Begriff könnte das Bewußtsein schärfen für die wirklichen Quellen unseres Reichtums und auch in den Betrieben die Relationen zwischen Produktion, Engineering und Logistik neu ordnen helfen.

3.2.3.3 Repräsentanz der Logistik

In Sachen Logistik gehen von den Großbetrieben nahezu alle Impulse aus. Während Kleinbetriebe logistisch nicht aktiv sein können und Mittelbetrieben das theoretische Rüstzeug und auch die nötige Überzeugung noch fehlen, verfügen Großbetriebe sowohl über die Einsicht als auch die Mittel zur Stärkung der Logistik.

So ist im Gegensatz zu Mittelbetrieben in vielen Großbetrieben schon heute die Logistik oder Materialwirtschaft Vorstandsressort. Auch wenn damit noch eine Beschränkung auf den Produktionsfaktor Material erfolgt, es wird doch die Gesamtbedeutung der Logistik hervorgehoben und z. B. gleichgewichtig mit Forschung und Entwicklung gesehen.

Viele Großbetriebe experimentieren derzeit mit der Ausstattung der Logistik. Während einige nur Beschaffung (operativ), Disposition, Produktionssteuerung und Bestandsmanagement integrieren, gehen andere entschieden weiter und vereinigen unter der Materialwirtschaft zusätzlich den strategischen Einkauf, die Lieferantenqualifizierung und die Qualitätssicherung für das Material. Andere Versuche zielen auf eine Verbindung der Beschaffungs- mit der Absatzseite, indem in einem „Auftragszentrum" Vertriebs- und Beschaffungslogistik zusammengeführt werden; damit gelangt die gesamte Terminverantwortung im Tagesgeschäft in eine Hand.

In Sachen Vertriebslogistik verdient besonderes Augenmerk die zunehmende Kooperation der Produzenten mit Speditionen, um weitreichende Distributionsleistungen ohne eigenes Know-how in Anspruch nehmen zu können. Der Ansatz, dabei dem Speditionsunternehmen im Betrieb Räumlichkeiten zur Verfügung zu stellen und die gesamte betriebliche Infrastruktur mitnutzen zu lassen, wobei die Schnittstelle zwischen Betrieb und Spedition das Fertigwarenlager ist, wird sicherlich Schule machen. Automobilhersteller gehen einen ähnlichen Weg auf der Beschaffungsseite und verpflichten die Spediteure zur Just-in-Time-Anlieferung an die Montagebänder.

Auch die Dezentralisierungskonzepte für die Produktion sind vornehmlich unter logistischen Gesichtspunkten zu sehen. Die Errichtung mehrerer – kleiner – Fertigungsstandorte in unmittelbarer Nähe der Kunden erhöht die Flexibilität der Belieferung und fördert das Bewußtsein von Marktnähe. Diese Vorteile werden häufig sogar mit steigenden Produktionskosten erkauft und stellen eine radikale Abkehr von der alten Produktionszentrierung dar.

Modernes logistisches Denken steckt auch hinter der jüngsten Diskussion um die „richtige" Form der Fertigungssteuerung. Während in den siebziger und frühen achtziger Jahren noch verbreitet um eine zentrale Produktionslenkung einschließlich der Feinsteuerung gekämpft wurde und intensive Diskussionen um die organisatorische Zuordnung geführt werden mußten, ist das Ziel einer modernen Logistik nur noch die Kontrolle über die Grobsteuerung. Die Feinsteuerung wird zurückverlegt in die Fertigung, die zur Erfüllung dieser Aufgabe durchaus in der Lage ist. So schafft die Logistik klare Schnittstellen in überschaubarer Zahl und geht einen sehr wichtigen Schritt in Richtung Koordinationsmanagement: Ihre Aufgabe ist es nicht, Zulieferanten oder die eigene Produktion minutiös zu führen und zu kontrollieren, sondern die Einhaltung der mit diesen getroffenen Vereinbarungen bezüglich Menge und Termin zu überwachen, ohne danach zu fragen, *wie* die internen und externen Lieferanten mit ihrer Aufgabe fertig werden. Um nicht unvorbereitet vor einem Scherbenhaufen zu stehen, muß die Logistik über gute Rahmeninformationen wie Kapazität, Qualitätsniveau, Auslastung verfügen, und genau die sind es, die Großbetriebe vermehrt von ihren Lieferanten abfordern. Eine konsequente Verfolgung dieses Weges wird die Logistikbereiche in die Lage versetzen, aus einer übergeordneten Sicht das Tagesgeschehen zu steuern; gelingt ihr dies, so ist ihr früheres Mauerblümchendasein ein für allemal beendet und die Übermacht der Produktion gebrochen.

3.3 Ergebnisbeurteilung

Die Betrachtung der Marktkonformität betrieblicher Organisationen auf der Basis des PEL-Ansatzes hat sehr große Unterschiede – korrelierend mit der Betriebsgröße – zutage gefördert. Während kleine und große Betriebe tendenziell marktkonform sind, muß dies für viele mittlere Betriebe bezweifelt werden.

Nach den theoretischen Ausführungen in Teil 2 müssen die Gründe dafür

– im Zielsystem oder
– in den internen Restriktionen

liegen, denn das Marktgeschehen selbst ist für alle Betriebe in etwa gleich.

Betrachten wir nun vor dem Hintergrund unserer PEL-Analyse die Grundmatrix der Organisationsgestaltung für die verschiedenen Betriebsgrößen und versuchen, Erklärungen für die differierende Phasenkonformität – und damit Organisationsqualität – zu finden.

3.3.1 Grundmatrix der Organisationsgestaltung für Kleinbetriebe

Betrachten wir im folgenden nur die produktorientierten, phasenkonformen Kleinbetriebe und fassen die produktionsorientierten als Unterfall der (noch nicht gewachsenen) Mittelbetriebe auf, so lautet die Grundmatrix, wie in Abbildung 16 dargestellt.

Formen \ Phasen	Überraschung	Kampf	Konfusion	Resignation
Marktbewußtsein	0			–
Paralyse				
Marktnähe	+			0
Lüge				
Selbstbestimmung	+			+
Utopia				

Abbildung 16: Grundmatrix der Organisationsgestaltung für Kleinbetriebe

Bei der Beurteilung der Relevanz der Matrixfelder zeigt sich sofort, daß marktferne Zielvorstellungen in diesen Betrieben eher die Ausnahme sind, zumal diese Betriebe oft aus Unzufriedenheit mit der Marktkonformität des Zielsystems größerer Betriebe entstehen. Damit können wir die Zeilen „Paralyse", „Lüge" und „Utopia" als nicht relevant streichen.

Weiterhin besitzen diese Betriebe im Regelfall nicht die Kraft, gegen Marktveränderungen in einen Kampf einzutreten, und aufgrund fehlender tradierter Strukturen mangelt es meist an entsprechendem Kampfwillen. Weil nun die Konfusionsphase eine Folge der Kampfphase ist, so können wir für die Kleinbetriebe auch diese beiden Spalten streichen.

Füllen wir die restlichen Felder mit ihrem Einfluß auf die Organisations-(-um-)gestaltung, so erkennen wir, daß neutrale und starke Wirkungen überwiegen. Das heißt, die Kleinbetriebe werden mit Marktveränderungen immer schnell konfrontiert, und sie verarbeiten diese Erfahrungen in ihrer Organisation ohne allzu große Reibungsverluste und kommen so zu einer PEL-phasenkonformen Organisation.

3.3.2 Grundmatrix der Organisationsgestaltung für Mittelbetriebe

In der Grundmatrix der Mittelbetriebe, die über diverse Zielsysteme und auch genügend wirtschaftliche Kraft zu deren Verteidigung verfügen, sind alle Felder relevant (Abbildung 17).

Formen \ Phasen	Überraschung	Kampf	Konfusion	Resignation
Marktebwußtsein	0	– –	– –	–
Paralyse	–	–	+ +	0
Marktnähe	+	– –	–	0
Lüge	–	+ +	+	+
Selbstbestimmung	+	0	+	+
Utopia	+	+ +	+ +	– –

Abbildung 17: Grundmatrix der Organisationsgestaltung für Mittelbetriebe

Immer dann, wenn Mittelbetriebe marktbewußte oder marktnahe Zielsysteme besitzen, spielen Kampf- und Konfusionsphase keine entscheidende Rolle. Wenn wir nun bei diesen Betrieben eine erfolgreiche Beharrung auf veralteten PEL-Phasen, insbesondere der Produktion festgestellt haben, so läßt dies auf starkes Vorhandensein der mit + + gekennzeichneten Felder schließen: Der Betrieb setzt seine Energie in einen Kampf für veraltete Strukturen und erleidet im Falle des Scheiterns die Konfusion.

Interessant ist nun, daß alle markierten Felder zu marktfernen Zielsystemen gehören. Offensichtlich haben also Mittelbetriebe

- häufig falsche Zielsysteme und
- die Kraft, Widerstände gegen ihre Zielsysteme zu bekämpfen.

Während beides bei Kleinbetrieben nicht bestand und daraus in gewisser Hinsicht Eleganz in Sachen Organisationsentwicklung resultierte, müssen wir die Mittelbetriebe diesbezüglich als organisatorisch „dickköpfig" bezeichnen. Sie mobilisieren erprobte Kräfte, versichern diese Kräfte (insbesondere die Produktion) ihres besonderen Schutzes und führen sie zur Verteidigung ihres Zielsystems (Verkäufermarkt) ins Feld. Der Kampf wird erbittert geführt und endet oft unsinnig spät in Resignation, d. h. einer Aufgabe des Zielsystems, ohne ein neues an die Stelle des alten zu setzen. Das Grundübel der Mittelbetriebe – und auch die Erklärung für deren veraltete Organisation – ist demnach in falschen Zielsystemen zu sehen.

3.3.3 Grundmatrix der Organisationsgestaltung für Großbetriebe

Auch in Großbetrieben sind zunächst alle Felder der Matrix relevant. Aufgrund ihrer besseren Informationen verfügen diese Betriebe jedoch meist über gute Indikatoren dafür, daß sie sich in einer Kampf- oder Konfusionsphase befinden: die Ertragsentwicklung. Während Mittelbetriebe in diesen Fällen üblicherweise beginnen, an Symptomen herumzukurieren und „erprobte" Mittel zur Kostensenkung anwenden, erkennen Großbetriebe viel eher die Gründe in falschen Zielsetzungen.

Wir können also – auffälligerweise eine Parallelität zu Kleinbetrieben – aus der Grundmatrix für Großbetriebe die (Ziel-)Formen Paralyse, Lüge und Utopia ab der Kampfphase streichen (Abbildung 18, Seite 100).

Phasen Formen	Über- raschung	Kampf	Konfusion	Resi- gnation
Marktebwußtsein	0	– –	– –	–
Paralyse	–			
Marktnähe	+	– –	–	0
Lüge	–			
Selbstbestimmung	+	0	–	+
Utopia	+			

Abbildung 18: Grundmatrix der Organisationsgestaltung für Großbetriebe

Nachdem die Überraschung sich ändernder Märkte erlebt wurde, schwenken die Großbetriebe auf Zielsysteme ein, die nur schwache bis sehr schwache Kampf- und Konfusionsphasen erzeugen. Damit müssen auch die alten Kräfte nicht zur Verteidigung der Tradition mobilisiert werden, und ihre Neustrukturierung stößt nur auf geringen Widerstand. Die internen Restriktionen werden nicht mobilisiert wie von den Mittelbetrieben, sondern durch Formulierung neuer Ziele überwunden.

Wir haben nun gesehen,

– wie Marktkonformität einer Organisation mittels des PEL-Ansatzes erkannt werden kann und
– daß Nicht-Marktkonformität ihre Ursache in falschen Zielsystemen und deren Einfluß auf die Entfaltung interner Restriktionen hat.

Wenden wir uns im 4. Teil nun der Frage zu, wie auf der Basis des PEL-Ansatzes organisatorische Rückständigkeit überwunden und mit einem modernen Zielsystem der Rahmen für organisatorische Flexibilität in der Zukunft geschaffen werden kann. Wir wollen dabei die Tatsache im Auge behalten, daß jede Organisationsentwicklung zeitversetzt stattfindet, wir also nur zeitnahe, nicht jedoch zeitgleiche Anpassungen erreichen werden – die Überraschungsphase wird es immer geben.

4. Teil:

Moderne Organisationsentwicklung auf der Basis des PEL-Ansatzes

4.1 Definition des Zielsystems

4.1.1 Marktkonformität von Zielsystemen

Wir haben oben ausführlich herausgearbeitet, wie entscheidend für eine gedeihliche Organisationsentwicklung das Zielsystem des Betriebes ist und daß falsche Zielsysteme ein Schadenspotential freisetzen, das schwerlich zu kompensieren ist. Klären wir also zunächst die Frage, was wir unter einem marktkonformen Zielsystem verstehen.

Stark verallgemeinernd gilt, daß alle diejenigen Zielsysteme marktkonform sind, deren Verfolgung gleichzeitig die Marktposition stärkt. So wäre beispielsweise das Ziel, auf einem Sektor für die Kunden *problemlösender Dienstleister* zu sein, marktkonform, dagegen das Ziel, sich auf die massenhafte Herstellung von Standardprodukten zu spezialisieren, nicht marktkonform.

Zweischneidig ist das Ziel der *freiwilligen Selbstbeschränkung*. Dieses gestattet dem Betrieb zwar die Konzentration der stets begrenzten Mittel auf ausgewählte Tätigkeitsschwerpunkte und verhindert ein Verzetteln. Sie erlaubt auch die intensive Bearbeitung von Marktnischen. Andererseits läuft der Betrieb Gefahr, in die Gewißheit zu verfallen, die Nische sei seine sichere Domäne, was üblicherweise nur so lange gilt, als der Wettbewerb außerhalb dieser Nische Wachstumschancen sieht. Sind diese ausgeschöpft, werden auch von großen Marktteilnehmern Nischen angegriffen, und darauf sind die bisherigen Nischenversorger aufgrund ihrer traditionellen Ungestörtheit gewöhnlich nicht vorbereitet; auch verfügen sie nur selten über Strategien, ihre Nischen geschickt zu verteidigen.

Mit der Beschränkung auf Tätigkeitsschwerpunkte laufen die Betriebe Gefahr, sich von den Bedürfnissen des Marktes langsam zu entfernen und an der Entstehung neuer Marktsegmente nicht zu partizipieren. Die freiwillige Selbstbeschränkung darf deswegen nur im Hinblick auf einen Themen- oder Problemkreis erfolgen wie

- die Lösung von Meßproblemen,
- die Lösung von Förderproblemen,
- die Lösung von Lagerproblemen.

In diesem Zusammenhang sei auch dringend davor gewarnt, die Beschränkung der Produktvielfalt zum Ziel zu erheben. Dadurch kann zwar die Wirtschaftlichkeit in Produktion und Verwaltung – im Sinne der Forderungen der Produktionsphase – kurzzeitig gesichert werden, Offenheit gegenüber Marktwünschen wird dadurch jedoch sehr behindert.

Ein weitverbreitetes Ziel ist das des *Wachstums*. Dabei wird meist nur unscharf zwischen Umsatz- und Ertragswachstum unterschieden oder sogar zwischen beiden eine positive Korrelation unterstellt. Der Hintergrund für dieses Denken ist ein unbewußtes Verhaftetsein in der Produktionsorientierung.

In der Praxis beobachten wir heute, daß Umsatz- und Ertragswachstum voneinander unabhängig sind: Es gibt Zeiten gleichgerichteter und solche entgegengerichteter Entwicklung; ab einer bestimmten Betriebsgröße und Leistungskomplexität überwiegt das Auseinanderfallen von Umsatz- und Ertragswachstum bis zu dem Punkt, an dem zusätzlicher Umsatz absolut weniger Ertrag bedeutet. Wird nun im Zielsystem kategorisch das Ertragsziel festgeschrieben, so führt dies mit hoher Wahrscheinlichkeit zur Abkehr vom Umsatzwachstum und damit zur Bedeutungsverschiebung von der Produktion hin zum Engineering.

Auch die oft formulierten Ziele *Standort- und Arbeitsplatzsicherung* sind in dieser Unbedingtheit nicht marktkonform. Die Arbeitsplatzsicherung ist nur über Umsatzwachstum zu erreichen, und dieses ist, wie wir eben gesehen haben, ein traditionsreiches, aber heute schon gefährliches Ziel. Die Standortsicherung mißachtet logistische Gesichtspunkte und neuerdings auch Kundenbedürfnisse. Wenn überhaupt, dann dürfen nur noch der Firmensitz als Standort und die Erhaltung qualifizierter Arbeitsplätze als Ziele verfolgt werden.

Viele Betriebe zählen zu ihren Zielen – explizit oder implizit – die Erhaltung ihres Wesens als *Produktionsbetrieb*. Sie schreiben dadurch fest, daß ihnen weniger an der Versorgung des Marktes und mehr an dem eigenen, traditionellen Tätigkeitsschwerpunkt liegt. Diese egozentrische Sicht, die oftmals sogar die Züge von Autismus trägt, konserviert das Primat der Produktion und degradiert das gesamte Umfeld zu Zuarbeitern für die Fertigung. Angesichts der Entwicklung der Struktur des Bruttosozialprodukts nach seiner Entstehung, die zeigt, daß der Anteil des sekundären Sektors (der Industrie) laufend sinkt und vom tertiären Sektor (dem Dienstleistungssektor) schon überflügelt wurde, ist das Ziel, „produzieren zu wollen" nachgerade unsinnig. Die Produktion ist allenfalls ein Mittel zur Erreichung des Ertragsziels und muß – in Teilen – zur Disposition stehen, wenn dieses Ziel gefährdet ist. Eine vernünftige Alternative zum Ziel, Produktionsbetrieb bleiben zu wollen, ist es, ein *Technologiebetrieb* werden zu müssen.

Zusammenfassend können wir festhalten, daß ein marktkonformes Zielsystem folgende Einzelziele beinhalten sollte:

1. das Ertragsziel
2. das Ziel des Leistungsangebots
3. das Ziel des bearbeiteten Marktes
4. das Technologieziel
5. das Ziel der qualifizierten Arbeitsplätze
6. das Ziel des Firmensitzes

Diesen Zielen sind alle anderen konsequent in der Weise unterzuordnen, daß sie nur dann akzeptiert werden, wenn sie zur Erreichung jener beitragen.

4.1.2 Ausarbeitung des Zielsystems

Die überwiegende Mehrheit der Betriebe, insbesondere der Klein- und Mittelbetriebe, verfügt heute über kein ausformuliertes oder gar in der Belegschaft veröffentlichtes Zielsystem. Selbst in der Führungsspitze wird nur selten über Ziele diskutiert und dann meist unstrukturiert, in vagen und interpretationsfähigen Formulierungen und ohne den Zwang, am Ende der Diskussion einen von allen getragenen Konsens erreichen zu müssen. Die notwendige Folge daraus ist, daß verschiedene Geschäftsführer verschiedene Prioritäten setzen und dadurch die Mitarbeiter verunsichern. Besonders auffällig ist dieses Verhalten in Zeiten der Ertragsschwäche, wenn Ziele aus den Augen verloren werden und kurzfristigem Aktionismus Platz machen.

Dazu kommt, daß mangels allgemein vorgegebener Ziele sich aus dem Betrieb heraus Ersatzziele bilden, quasi als selbsterstellter Leitfaden für die Reglementierung der Zusammenarbeit. Es liegt auf der Hand, daß in die Ersatzziele die Wünsche und Ängste der Betroffenen eingehen und damit häufig interne Restriktionen auf diesem Weg sanktioniert werden – auffälligstes Beispiel ist der Schutz der Produktion. Der von den internen Restriktionen ohnehin ausgehende Bremseffekt (siehe Punkt 2.3.4) wird dadurch institutionalisert, die Marktferne des Zielsystems vergrößert.

Um alle diese Nachteile zu vermeiden, müssen Zielsysteme von der Geschäftsführung ausdiskutiert, festgeschrieben und im Betrieb publiziert werden. Der Bekanntgabe muß eine weiterführende Diskussion mit dem Mittelmanagement folgen, um sicherzustellen, daß auch dieser Personenkreis das Zielsystem mitträgt.

Jede Verletzung des Zielsystems durch die Geschäftsführung muß begründet werden und darf nur einen kurzzeitigen Umweg unter grundsätzlicher Beibehaltung der langfristigen gemeinsamen Vorstellungen bedeuten.

4.2 Definition der Kernkompetenz

4.2.1 Begriffsbestimmung

Jeder Betrieb stellt eine Summe von Leistungspotentialen dar. Je nachdem, wie häufig diese Potentiale in der Branche vertreten sind, zu der der Betrieb gehört, oder in der gesamten Volks- oder Weltwirtschaft, besitzt der Betrieb „spezielle" oder „generelle" Leistungspotentiale.

Generelle Leistungspotentiale sind beispielsweise ein Fuhrpark, die Personalabteilung, ein Finanzbuchhaltungs-Softwaresystem, eine Standard-Drehmaschine, Transformatoren, Luftdruckversorgungssysteme, Lagerhallen, Gabelstapler, Sozialräume, Zeichenbretter, der Belegschaftsparkplatz, Fotokopierer, 100-t-Stanzen, Gitterboxpaletten. Alle diese Dinge finden sich in ähnlicher oder gleicher Art in vielen oder allen Betrieben, sie können am Markt erworben und ohne spezielle Erfahrung genutzt werden. Für einen potentiellen Erwerber des Betriebes stellen diese Dinge keinen Kaufanreiz dar, sie sind „fungibel".

Ganz anders verhält es sich mit den speziellen Leistungspotentialen. Sie sind das Besondere an genau diesem konkreten Betrieb. Der Bogen der speziellen Leistungspotentiale spannt sich vom Firmennamen über die Außendienstorganisation und den Kundenstamm, Problemlösungs-Know-how, Produkt-Know-how, Verfahrens-Know-how, den Umgang mit kleinsten Toleranzen in der Produktion, Erfahrung im Werkzeugbau bis hin zu einem schlagkräftigen Qualitätssicherungssystem, guten Kontakten zum Beschaffungsmarkt und einem ausgefeilten Benummerungssystem. Die hinter diesen betrieblichen Tatsachen verborgenen Leistungspotentiale stellen das eigentliche Wesen des Betriebes dar, sie sind es, die den Betrieb attraktiv machen und seine Ertragskraft darstellen. Nur aufgrund der speziellen Leistungspotentiale kann sich ein Betrieb am Markt behaupten, nur dadurch hebt er sich von den Wettbewerbern ab, nur darin bestehen seine „monopolistischen" oder zumindest „oligopolistischen" Eigenschaften.

Diese speziellen Leistungspotentiale werden im folgenden als Kernkompetenz bezeichnet. Sie ist damit umfassender Ausdruck für die Besonderheit eines Betriebes.

Für die weitere Untersuchung gehen wir davon aus, daß

- jeder Betrieb Kernkompetenz besitzt,
- die Größe vorhandener Kernkompetenz sehr unterschiedlich ist,
- die Schwerpunkte der Kernkompetenz beliebig verteilt sein können und
- Kernkompetenz eine dynamische Eigenschaft ist dergestalt, daß Größe und Zusammensetzung sich verändern.

4.2.2 Betriebliche Kernkompetenz unter dem Aspekt des PEL-Ansatzes

Zur Gestaltung der betrieblichen Zukunft und damit auch der Organisation benötigen wir außer dem Zielsystem

a) eine Ist-Analyse der Kernkompetenz und
b) eine Beschreibung des Sollzustandes der Kernkompetenz.

4.2.2.1 Ist-Analyse der Kernkompetenz

Nach dem PEL-Ansatz kann jeder Betrieb

- Kernkompetenz in der Produktion,
- Kernkompetenz im Engineering oder
- Kernkompetenz in der Logistik

besitzen. Auch ist es möglich, daß Betriebe in zwei oder allen drei Bereichen über Kernkompetenz verfügen.

4.2.2.1.1 Kernkompetenz in der Produktion

Kernkompetenz in der Produktion ist immer dann vorhanden, wenn ein Betrieb

- überdurchschnittliches Verfahrens-Know-how,
- überdurchschnittliches Dimensions-Know-how,
- überdurchschnittliches Toleranz-Know-how oder
- überdurchschnittliches Werkstoff-Know-how

besitzt.

Bezüglich des *Verfahrens-Know-hows* ist festzustellen, daß in dem Betreiben von Fertigungsverfahren, die aus einem deterministischen Zustand A einen deterministischen Zustand B herstellen, im allgemeinen wenig spezifische Kenntnisse stecken. Typisches Beispiel hierfür ist die Zerspanung unproblematischer Werkstoffe. Ähnliches gilt für Verformung und verschiedene Verbindungs-/Montagetechniken. Auch im Trennen, Schneiden, Sägen liegt meist kein spezielles Wissen.

Ganz anders ist die Fähigkeit einer Produktion zu bewerten, mit großer Wiederholgenauigkeit Oberflächen zu bearbeiten, zu härten oder auszukleiden. Schwierig ist die sichere Verbindung verschiedenartiger Werkstoffe oder die Beherrschung von Schrumpfungsmaßen. Ein sicherer Indikator für Kernkompetenz im Verfahrensbereich ist die Tatsache, daß solche Probleme nur mittels langer Versuchsreihen einer Lösung zugeführt werden können und nur von wenigen Betrieben diese Leistungen überhaupt angeboten werden. Jeder Betrieb muß für sich kritisch beurteilen, ob er Kernkompetenz in den Produktionsverfahren besitzt.

Dimensions-Know-how besitzen nur Betriebe, die außerordentlich kleine oder große Werkstücke zu bearbeiten in der Lage sind und dabei auf Betriebsmittel angewiesen sind, die am Markt nicht verfügbar sind, sondern Sonderanfertigungen darstellen. Betriebe mit Dimensions-Know-how sind insgesamt eher selten.

Über *Toleranz-Know-how* verfügen Betriebe, die eine Zehnerpotenz genauer fertigen können, als es dem Branchendurchschnitt entspricht. Existiert diese Kernkompetenz, so zieht sie sich meist durch alle Fertigungsverfahren. Damit haben wir hier den Fall einer insgesamt kernkompetenten Produktion vor uns.

Kernkompetenz in der Bearbeitung moderner oder nicht-deterministischer *Werkstoffe* wird zur Zeit von vielen Betrieben entwickelt. So verlangt der wirtschaftliche Umgang mit Sonderstählen, Buntmetallen, Holz, Gummi, Glas, Keramik und Kunststoffen zunehmend mehr Erfahrung, die nur schwer an Lieferanten zu übertragen ist. Beachtenswert ist dabei, daß sich die Werkstoff-Kernkompetenz im Normalfall auf einige Fertigungsverfahren konzentriert, also nicht die gesamte Produktion betrifft.

Sehen wir uns unter dem Aspekt der Kernkompetenz nun eine beliebige Produktion an, indem wir einen typischen Produktionsablauf skizzieren und die kernkompetenten Bereiche hervorheben, so ergibt sich im Regelfall ein Bild wie in Abbildung 19 auf der nächsten Seite (Beispiel Metall-Elektronikfertigung).

Der Betrieb gibt sich teilweise mit nicht kernkompetenter Produktion ab, muß aber gleichzeitig Kernkompetenz zukaufen. Hieraus sind Anhaltspunkte zur gezielten Veränderung der Produktionsschwerpunkte zu gewinnen (siehe Sollzustand, Punkt 4.2.2.2).

4.2.2.1.2 Kernkompetenz im Engineering

Von wenigen Ausnahmen abgesehen verfügen heute alle deutschen Betriebe über Kernkompetenz im Engineering, auf die sie überwiegend auch sehr stolz sind.

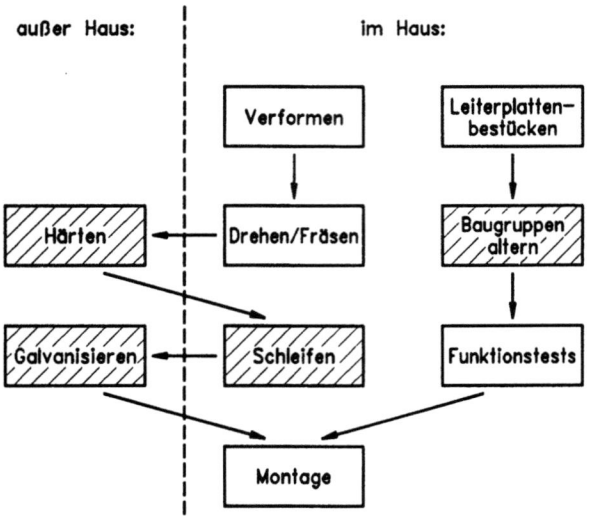

Abbildung 19: Typisches Bild eines Produktionsablaufes

Die Engineering-Kernkompetenz findet sich in dem Wissen,

- wie Probleme der Kunden technisch elegant gelöst werden können,
- wie die eigenen Produkte sich in extremer Umgebung (Temperatur, Druck, Erschütterung, Verformung, Kontakt mit aggressiven Medien ect.) verhalten,
- welche Werkstoffe zur Problemlösung geeignet/ungeeignet sind,
- welchen Einfluß Fertigungsverfahren auf die Produktqualität haben,
- über die Produktlebensdauer oder
- neue Einsatzfälle.

Dieses Wissen existiert ferner

- in der Werkzeugkonstruktion,
- im Werkzeugbau,
- in der Fertigungsplanung,
- im Sondermaschinenbau und
- in der Qualitätssicherung.

Noch stärker als in der Produktion ist die Engineering-Kernkompetenz an die Know-how-Träger, also die Mitarbeiter gebunden. In mittleren Betrieben konzentriert sie sich sogar auf ganz wenige Spezialisten, die ein geradezu unschätzbares Potential darstellen in Verbindung mit der großen Gefahr, daß infolge Unzufriedenheit dieses Potential sehr rasch verloren werden kann.

Jeder Betrieb kann seine Engineering-Kernkompetenz dadurch testen, daß er in einem Planspiel Mitarbeiter austauscht oder Leistungen, die bisher selbst erstellt wurden, zuzukaufen versucht. Während letzteres im Bereich Betriebsmittelkonstruktion und Werkzeugbau mit einigen Schwierigkeiten oft gelingt, zeigt die Zusammenarbeit mit Engineeringbüros sehr schnell, wo das Zentrum der Kernkompetenz liegt.

4.2.2.1.3 Kernkompetenz in der Logistik

Unterteilen wir den Bereich Logistik in

- Vertriebslogistik,
- Produktionslogistik und
- Beschaffungslogistik,

so können wir zwischen den Betrieben extreme Unterschiede feststellen.

Hinsichtlich *Vertriebslogistik* reicht die Spanne der Kernkompetenz von „nicht vorhanden" bis zu „dominant". Manche Betriebe werden heute schon erfolgreich (!) vom Vertrieb gesteuert, der über eine gute Außendienstorganisation, mehrere Vertriebswege, ein langfristiges Marketingkonzept, einen treuen Kundenstamm und einen sorgfältig gepflegten Firmennamen verfügt. Kommt dazu ein flächendeckendes, leistungsstarkes Servicenetz, kurzfristige Lieferfähigkeit und ein stark entwickeltes Dienstleistungsbewußtsein, so ist das Erreichbare in bezug auf vertriebslogistische Kernkompetenz gegeben. Leider findet sich auch das Gegenteil in stümperhafter Marktbearbeitung ohne jede Struktur.

Jeder Betrieb kann die Existenz seiner Kernkompetenz in der Vertriebslogistik messen an der Kundenzufriedenheit mit der Versorgung (nicht Qualität!) und an den Schwierigkeiten, die Wettbewerber auf diesem Gebiet zu bereiten in der Lage sind.

Auch die Kernkompetenz in der *Produktionslogistik* ist extrem unterschiedlich entwickelt. Nur wenige Betriebe beherrschen ihre Produktion aus logistischer Sicht, indem sie über eine starke Fertigungssteuerung verfügen, gute Bestandsinformationen besitzen und mit den vorhandenen Kapazitäten optimal umzugehen verstehen. Diese Aussage gilt für kleine, mittlere und große Betriebe in gleichem Maß, denn auch die gerade von Großbetrieben forcierte Einführung EDV-gestützter Produktionsplanungs und -steuerungssysteme hat hier an dem Grundübel, daß Produktionen sich gerne selbst steuern, nur wenig geändert. Lediglich Betriebe mit starker Vertriebslogistik haben es auch geschafft, in der Produktionslogistik Kernkompetenz zu entwickeln.

In der *Beschaffungslogistik* schließlich ist, abgesehen von den Großbetrieben, heute eine Kernkompetenz allenfalls in vagen Ansätzen erkennbar. Sie konzentriert sich noch überwiegend auf persönliche Kontakte der Einkäufer und ermangelt eines strukturierten Unterbaus. Themenkreise wie internationale Beschaffungsmarktforschung, Lieferantenbeurteilung und -qualifizierung und Informationsaustausch mit Lieferanten werden bestenfalls angesprochen; ausdiskutiert sind sie noch nicht.

Jeder Betrieb kann seine logistische Kernkompetenz messen, indem er sich die Frage beantwortet, ob es möglich ist,

- den Absatz zu verdoppeln,
- die Durchlaufzeit in der Produktion zu halbieren und
- den Materialeinsatz zehn Prozent günstiger zu beschaffen.

Ist eines dieser Dinge oder sind gar alle mit vertretbarem Aufwand, d. h. ertragssteigernd möglich, so ist noch nicht die logistische Kernkompetenz erreicht, die für die Zukunft benötigt wird.

4.2.2.1.4 Gesamtbeurteilung der Ist-Kernkompetenz

Wir haben festgestellt, daß jeder Betrieb über Kernkompetenz verfügt, diese jedoch sehr ungleich auf die Bereiche Produktion, Engineering und Logistik verteilt ist.

Durch die allgemeine Anhebung des Produktionsniveaus in West- und Mitteleuropa ist die spezielle Leistungsfähigkeit vieler Betriebe in der Produktion zurückgegangen, d. h. die Betriebe haben Kernkompetenz verloren und verlieren weitere in den nächsten Jahrzehnten. Gleichzeitig ist die Kernkompetenz im Engineeringbereich, herausgefordert durch laufend steigende Kundenwünsche, gewachsen und überflügelt heute bereits in vielen Betrieben in der absoluten Bedeutung die Kernkompetenz in der Produktion. Angesichts des bevorstehenden EG-Binnenmarktes und der gewaltigen Logistikanstrengungen US-amerikanischer und japanischer Unternehmen, auf diesem Markt rechtzeitig Fuß zu fassen, überrascht, wie gering bis jetzt die logistische Kernkompetenz der Mehrzahl aller Betriebe entwickelt ist.

Betrachten wir nun die drei Formen der Kernkompetenz zusammen, so können wir eine verblüffende Parallele zur Ausprägung der Industrialisierungsphasen

- sowohl in der Gegenwart
- als auch in der Vergangenheit

feststellen (Abbildung 20).

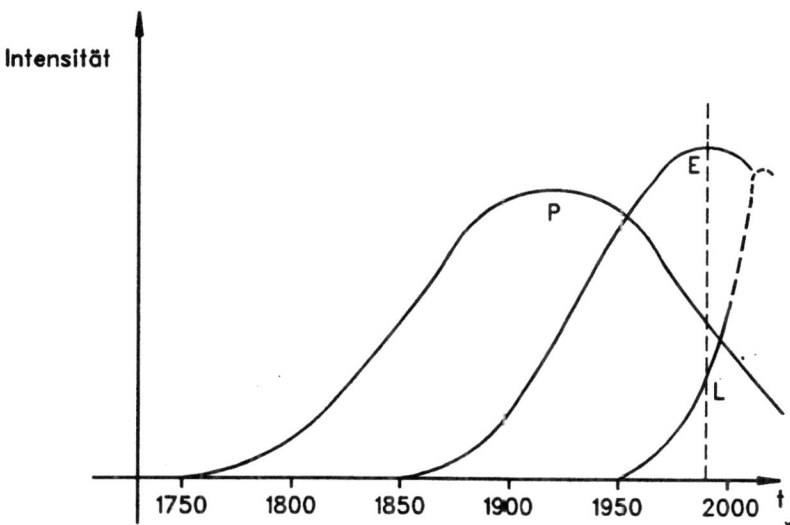

Abbildung 20: Verteilung der Kernkompetenz nach Industrialisierungsphasen

Wie üblich finden wir Retardierungseffekte, die jedoch wesentlich geringer als diejenigen in der Organisation sind.

Wir können daraus folgern, daß die Kernkompetenz dem Industrialisierungsphasenverlauf zeitnah folgt, daß also organisatorische Hindernisse den Prozeß der Umgestaltung der Kernkompetenz kaum zu beeinflussen vermögen; sie sind allenfalls in der Lage, die subjektiven Vorstellungen der Organisationsmitglieder von der Kernkompetenz für längere Zeit entgegen der Realität zu formen.

Wenn nun aber Kernkompetenz – und ihre Entwicklung – von der betrieblichen Organisation weitgehend unabhängig ist, so muß es auch möglich sein, Kernkompetenz für die Zukunft, also progressiv zu entwickeln und damit dem – lästigen – organisatorischen Phänomen zu entkommen, bestenfalls die jüngste Vergangenheit nachbilden zu können. Dadurch erhält die Frage nach dem Sollzustand der betrieblichen Kernkompetenz zusätzliches Gewicht.

4.2.2.2 Sollzustand der betrieblichen Kernkompetenz

Wir wollen zunächst den PEL-Phasenverlauf nicht als Indikator für die zukünftige Schwerpunktsetzung bei der Entwicklung der Kernkompetenz benutzen, sondern den ganz pragmatischen Standpunkt des Betriebes beziehen, der keinen strategischen Ansatz zur Umbildung der Kernkompetenz verfolgt.

Grundsätzlich bieten sich jedem Betrieb drei Handlungsmöglichkeiten:

1. bestehende Kernkompetenz erhalten/sichern
2. bestehende Kernkompetenz ausbauen
3. neue Kernkompetenz aufbauen

Von einer vierten Möglichkeit, die darin besteht, existierende Kernkompetenz aufzugeben, indem sie veräußert wird oder verfällt, wollen wir im folgenden absehen.

Jeder Betrieb kann entweder eine oder mehrere/alle Handlungsmöglichkeit(en) aufgreifen, wird jedoch aufgrund begrenzter Mittel nicht alle gleich intensiv verfolgen können. Setzt er nun seine Mittel nach dem Ergiebigkeitsprinzip ein (= mit gegebenem Aufwand den maximalen

Ertrag zu erwirtschaften) und gilt das Gesetz des abnehmenden Grenznutzens auch für die genannten Handlungsmöglichkeiten, so dürfen wir erwarten, daß jeder (!) Betrieb jede (!) Handlungsmöglichkeit partiell nutzt.

4.2.2.2.1 Erhalt der bestehenden Kernkompetenz

Da in bestehender Kernkompetenz immer eine gewaltige Investition verbunden mit erheblichen Leistungspotentialen gesehen werden muß, ist es geradezu selbstverständlich, diese Kernkompetenz erhalten und dadurch die relative Position des Betriebes am Markt sichern zu wollen.

Im Engineering ist dies durch geschickte Personalentwicklung, Jobrotation, gezielte Weiterbildungsmaßnahmen und die Schaffung günstiger Entfaltungsmöglichkeiten für die Mitarbeiter meist sogar ohne großen finanziellen Aufwand möglich, sieht man einmal von der nicht unerheblichen Ausstattung von Forschungseinrichtungen ab.

In der Produktion muß die Erhaltung von Kernkompetenz meist durch Investitionen in Betriebsmittel erkauft werden. Die Erfahrung zeigt, daß Größe der vorhandenen Kernkompetenz und Investitionsbedarf zu deren Erhaltung positiv korrelieren; es ist also „teurer", viel Kernkompetenz in der Produktion zu sichern als wenig. Versucht ein Betrieb, diesen Sicherungsaufwand zu quantifizieren, so muß er außer den ausgabewirksamen Kosten auch und gerade die „internen Leistungen" berücksichtigen, die in Form von Fehlentwicklungen, Qualitätsproblemen und anderem erbracht werden müssen.

Die Sicherung logistischer Kernkompetenz ist im Vertriebsbereich je nach den Eigenschaften der Märkte unterschiedlich aufwendig, in nahezu allen Fällen jedoch teurer als die Erhaltung produktions- oder beschaffungslogistischer Kernkompetenz. Insgesamt liegt der Aufwand zur Erhaltung logistischer Kernkompetenz höher als im Engineeringbereich und niedriger als in der Produktion (Abbildung 21, Seite 116).

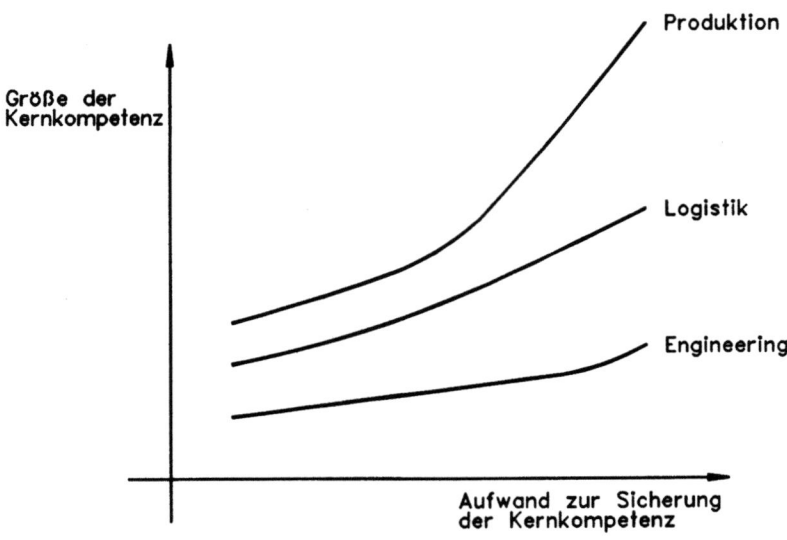

Abbildung 21: Zusammenhang zwischen dem Aufwand zur Sicherung von Kernkompetenz und deren Größe

4.2.2.2.2 Ausbau der bestehenden Kernkompetenz

Der Ausbau jeder Kernkompetenz – das liegt im Wesen dieses Phänomens – ist mit erheblichem Aufwand verbunden. Der Ausbau eines Vertriebsnetzes, das Serienreifmachen neuer Werkstoffe oder der Aufbau neuer Fertigungsverfahren zur Erweiterung der Kernkompetenz in der Produktion: die Bewältigung dieser Aufgaben ist stets mit Anstrengungen verbunden, die die Investitionskraft eines Betriebes oft über Jahre erschöpfen. Lediglich neue Kernkompetenz in der Beschaffungs und Produktionslogistik ist im allgemeinen preiswert zu bekommen (Abbildung 22).

Während also in letztere eher unbesehen investiert werden kann, muß in den übrigen Kernkompetenzbereichen um die knappen Mittel konkurriert werden mit dem Ergebnis, daß Prioritäten festgelegt werden müssen.

Diese Prioritäten werden selbstverständlich stark von der Situation geprägt, in der sich ein Betrieb derzeit befindet, und von den Hoffnungen und Befürchtungen der Führung. Hilfreich für die Priorisierung kann

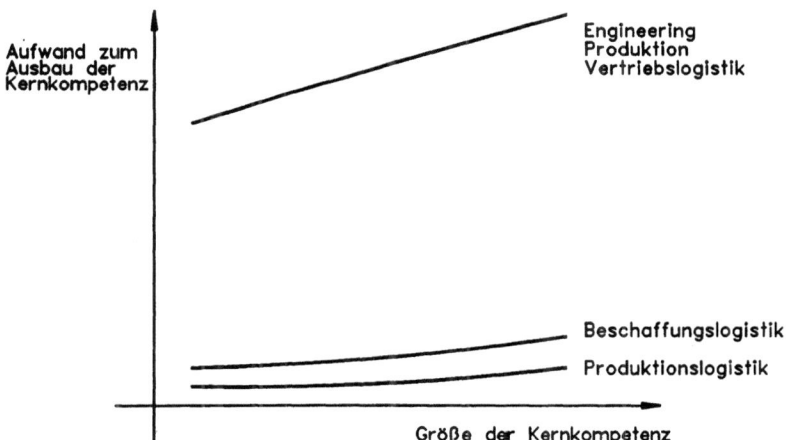

Abbildung 22: Ausbau von Kernkompetenz

dabei der PEL-Ansatz und seine Widerspiegelung in der Kernkompetenzentwicklung sein (siehe Punkt 4.2.2.2.4).

4.2.2.2.3 Aufbau neuer Kernkompetenz

Ohne vorhandene Basis mit der entsprechenden Erfahrung völlig von Anfang an Kernkompetenz zu entwickeln ist für jeden Betrieb ein Unterfangen, das die Existenz berührt, weil bedingt durch den gewaltigen Aufwand ein Scheitern des Versuches stets die Ertragskraft über Jahre stark schädigt. Aus diesem Grund der wirtschaftlichen Dimension kann ein Betrieb – gleich welcher Größe – auch nur *einen* Schwerpunkt beim Aufbau neuer Kernkompetenz setzen. Die Auswahl des Schwerpunktes fällt im allgemeinen leicht, weil maximal zwei Bereiche zur Diskussion stehen, denn in mindestens einem muß (!) nach unseren Annahmen schon Kernkompetenz bestehen.

Sehen wir uns die vorzufindenden Möglichkeiten nach ihrer Häufigkeit in der Praxis an, so ist die Wahl zu treffen zwischen

- Produktion und Logistik (Engineering vorhanden),
- Engineering und Logistik (Produktion vorhanden),
- Produktion und Engineering (Logistik vorhanden).

Der letzte Fall betrifft fast nur Handelshäuser, die ihre Leistungstiefe ausbauen wollen, und dieser Fall ist leicht zu entscheiden: Um die Kundennähe zu erhalten, von der diese Betriebe leben, müssen sie sich für den Aufbau der Engineering-Kernkompetenz entscheiden.

Die beiden anderen Möglichkeiten, die viel häufiger anzutreffen sind, sind ungleich schwieriger zu entscheiden.

Im ersten Fall spricht für Kernkompetenz in der Produktion die mögliche Rückkopplung von Erfahrung in das Engineering, also die zu erwartende gegenseitige Befruchtung, die auch verhindert, daß das Engineering in Realitätsferne abdriftet. Außerdem ist es eine unleugbare Tatsache, daß Produktionen ohne Kernkompetenz in ihrer gesamten Existenz viel mehr gefährdet sind als solche, die sich um ein kernkompetentes Zentrum herum ausbreiten, auch wenn der Rest nicht kernkompetent ist.

Für Kernkompetenz in der Logistik, insbesondere der Vertriebslogistik, spricht dagegen die zunehmende Bedeutung des Absatzmarktes durch seine Umwandlung in einen Käufermarkt. Für den Aufbau der (Beschaffungs-)Logistik sprechen ferner der laufend steigende Materialkostenanteil, die zunehmende Produktkomplexität und der PEL-Phasenverlauf. Auch hier kann letzterer als richtungweisend die Entscheidung stark beeinflussen (siehe Punkt 4.2.2.2.4).

Muß sich ein Betrieb für den alternativen Aufbau von Kernkompetenz in Engineering oder Logistik entscheiden, so können für die Logistik die unmittelbar vorher genannten Argumente angeführt werden. Für eine Entscheidung zugunsten des Engineering spricht die oben erwähnte Rückkopplung zur Produktion ebenso wie die derzeitige absolute Bedeutung gemäß dem PEL-Ansatz. Diese Entscheidung ist auch durch die PEL-Phasenbedeutung kaum zu unterstützen, sondern muß als reine unternehmerische Entscheidung unter Risiko gefällt werden.

4.2.2.2.4 Entwicklung von Kernkompetenz unter Berücksichtigung der PEL-Phasenbedeutung

Sowohl für die Erhaltung als auch den Aus- und Aufbau von Kernkompetenz gilt, daß der damit verbundene Aufwand um so mehr Leistungspotential schafft, je bedeutender und langfristiger eine Phase in der Zukunft sein wird.

Nach der bisherigen und voraussichtlichen weiteren Entwicklung der Industrialisierungsphasen (siehe Punkt 4.2.2.1.4) heißt das, daß

- am sinnvollsten die Entwicklung logistischer Kernkompetenz ist,
- gefolgt von derjenigen des Engineering und
- die Investition in Kernkompetenz der Produktion im Widerspruch zu deren Gesamtbedeutungsverlust steht.

Eine vorschlagenswürdige Abstufung, zu der sich ohnehin jeder Betrieb aus wirtschaftlichen Zwängen durchringen muß und die insgesamt keine Entweder-Oder-Politik bedeutet, sondern einen maßvollen Interessenausgleich, ist die folgende:

- *Aufbau* von Kernkompetenz in der Logistik,
- *Ausbau* von Kernkompetenz im Engineering und
- *Erhaltung* von Kernkompetenz in der Produktion.

Geht der Betrieb diesen Weg, so erreicht er auch eine günstige Mischung bei der Mittelverwendung. Der – abgesehen von Teilen der Vertriebslogistik – mit nur mäßigem Aufwand verbundene Aufbau der logistischen Kernkompetenz läßt genügend Mittel übrig zum vergleichsweise teuren Ausbau der Kernkompetenz im Engineering und zur noch oft ebenfalls – sehr – teuren Erhaltung der Kernkompetenz in der Produktion.

Besitzt ein Betrieb die Mittel zum Aufbau von Kernkompetenz in bisher nicht-kernkompetenten Bereichen nicht, so sollte er sorgfältig prüfen, ob er seine Aktivitäten auf diesem Feld nicht gänzlich einstellen und die benötigten Leistungen zukauft.

Hat der Betrieb nun seine Ist- und Soll-Kernkompetenz definiert, deren Konformität mit dem Zielsystem sichergestellt und beides ausführlich mit dem Mittelmanagement diskutiert, so müssen schließlich nur noch die Weichen zur Umgestaltung der Organisation gestellt werden.

4.3 Planung, Durchführung und Kontrolle von Reorganisationsmaßnahmen auf der Basis des PEL-Ansatzes

4.3.1 Planung von Reorganisationsmaßnahmen

4.3.1.1 Langfristige Unternehmenszielsetzung als Grundlage der Organisationsgestaltung

Es versteht sich zwar von selbst, daß Organisationen nicht planlos gestaltet werden, es ist jedoch keineswegs genormt, was die Grundlage der Planung darstellen muß. Eine außerordentlich häufig angewandte Reorganisationsmethode ist die der Verringerung der Reibungskräfte in kleinen Schritten. Dabei wird je nach Auffälligkeit organisatorischer Störungen die vordergründige Störursache behoben, indem Personal versetzt, ein Vordruck eingeführt oder ein Informationsfluß umgestaltet wird. Es ist demnach der Leidensdruck, der die Umgestaltung auslöst, und der solcherart gesetzte Impuls bleibt im Regelfall auf die Einzelmaßnahme beschränkt.

Das mit der Reorganisationsmaßnahme verfolgte Ziel – die Beseitigung von Störungen – ist scheinbar so klar, daß es eines übergeordneten Zieles nicht mehr bedarf, und der Inhalt der Reorganisation wird durch die allzeit präsenten internen Restriktionen in eine allgemein genehme Richtung gelenkt. Es gilt demnach in solchen Fällen die in Teil 2 beschriebene, eher orientierungslose Organisationsgestaltung.

Die wichtigste Alternative hierzu ist die Organisationsgestaltung nach Maßgabe und im Einklang mit der betrieblichen Zielsetzung. Die Organisation muß die Erreichung dieser Ziele ermöglichen und unterstützen und deswegen auch an ihnen orientiert sein.

Umgekehrt kann jede vorgeschlagene Organisationsmaßnahme, unabhängig von der vordergründigen Sinnfälligkeit, auf ihre Konformität mit dem Zielsystem geprüft und damit quasi einer Plausibilitätsprüfung unterworfen werden. Zudem dürfen wir davon ausgehen, daß Zielsysteme langfristige Gültigkeit besitzen und durch ihren Einfluß auf die Organisation auch dieser eine langfristige (Grund-)Gültigkeit verleihen.

Schließlich ist anzumerken, daß erst ein übergeordnetes Zielsystem in der Lage ist, die internen Restriktionen als solche sichtbar zu machen und eine Organisationsentwicklung in deren Sinn als das herauszustellen, was sie ist: oberflächliche Kosmetik ohne Bereitschaft zu wirklichen Reformen.

Wir dürfen im Umkehrschluß folgern, daß ohne ein explizites Zielsystem Organisationsentwicklung weitestgehend unmöglich ist und zu den in Teil 3 beschriebenen Resultaten, speziell bei Mittelbetrieben, führt. Um nun für die Reorganisation zusätzliche Sicherheit zu gewinnen, sollten die Ziele in ihrer Wirkung auf die PEL-Phasenausprägung beschrieben sein; dadurch wird ein zusätzlicher Schutz gegen einen drohenden Rückfall in Traditionalismus geschaffen.

4.3.1.2 Fristigkeit der Organisationsgestaltung

Die fundierte Veränderung einer jeden Organisation ist ein überaus diffiziler, langwieriger und existenzieller Prozeß. Wenn überhaupt (siehe Punkt 4.3.2.5.), dann gelangen solche Umgestaltungen nach drei bis fünf Jahren zu einem Abschluß.

Während dieses Zeitraums müssen zwei Bedingungen gewährleistet sein:

1. die Existenz eines festgeschriebenen und in seiner Gültigkeit unangefochtenen Zielsystems und
2. die Marktkonformität des Endausbaus der Organisation.

Während wir uns im letzten Abschnitt mit der ersten Bedingung beschäftigt haben, wenden wir uns hier der zweiten zu. Die Dauer der organisatorischen Umgestaltung zwingt dazu, einen betrieblichen Zustand in der ferneren Zukunft (ca. zehn Jahre) zu beschreiben und *dafür* eine Organisation zu konzipieren. Wird auf diese Prospektive verzichtet und der aktuelle betriebliche Zustand als Rahmen für eine optimale Organisation definiert, so stellt sich mit dem Abschluß der Reorganisation – nach drei bis fünf Jahren – das gleiche Problem: Die „neue" Organisation ist veraltet, weil die Realität sich von den ursprünglichen Zustandsausprägungen *weg*entwickelt hat. Da diese Diskrepanz zwischen angestrebter Organisation und dem dadurch zu beherrschenden Umfeld nicht zu verbergen ist, versanden viele kurzfristig angelegten Reorganisationsprojekte infolge innerer Widersprüche.

Um dies zu vermeiden, müssen Organisationen auf einen zukünftigen betrieblichen Zustand *hin*entwickelt werden. Idealerweise wird die betriebliche Realität des Jahres t + 10 fingiert und in ihrer organisatorischen Relevanz beschrieben. Dazu gehören Aussagen zur

- Marktentwicklung, den Marktvolumina und dem Marktanteil des Betriebes,
- Entwicklung des Liefer-/Leistungsumfangs und zur Produktpolitik,
- Entwicklung des Deckungsbeitrags der angebotenen Leistungen,
- Entwicklung neuer/Auflassung alter Produktions- und Servicestandorte,
- Personalentwicklung in quantitativer und qualitativer Hinsicht und zur Unternehmenskultur,
- Entwicklung der Kostenstruktur, speziell den Anteilen für Material, Lohn, Fertigungsgemeinkosten, Vertriebskosten, Forschungs- und Entwicklungskosten und Verwaltungskosten,
- Ergebnisentwicklung.

Aus der Beschreibung dieser Faktoren resultieren Anforderungen an die Organisation wie:

- Ausbau des Einkaufs
- Ausbau der Vertriebslogistik
- Einschränkung der Fertigungstiefe
- Ausbau des Forschungs-/Entwicklungsbereiches
- Homogenisierung des selbsterstellten Leistungsspektrums
- verstärkter Handel
- Bildung von Profit-Centern
- Aufbau neuer Standorte
- Dezentralisierung des EDV-Einsatzes.

Konzipiert der Betrieb nun eine Idealorganisation, die allen genannten Bedürfnissen gerecht wird, so ist damit der organisatorische Zielzustand beschrieben. Er stellt zusammen mit dem betrieblichen Zielsystem den Maßstab dar, der an jede geplante Umorganisation gelegt wird.

4.3.1.3. Stufenplan der Reorganisation

Im zweiten Teil wurde ausführlich dargelegt, daß es nicht möglich ist, eine zukünftig richtige Organisation heute einzuführen und die Realität gewissermaßen auf die Organisation zulaufen zu lassen. Gegen diese Methode setzen sich alle Organisationsmitglieder verständlicherweise sehr erfolgreich zur Wehr.

Demnach ist es nur möglich, überfällige oder bestenfalls fällige organisatorische Veränderungen durchzusetzen; die gesamte Reorganisation – über den Drei-bis-Fünfjahreszeitraum – muß also portioniert und terminiert werden. Es ist dabei darauf zu achten, daß mit dieser Portionierung nicht wesentliche Teile der zum Endausbau erforderlichen Reorganisationsschritte übersehen werden.

Die Portionierung erfolgt am zuverlässigsten unter Einbeziehung des betrieblichen Mittelmanagements. Diesem Personenkreis sind bei aller Befangenheit in tradierten Strukturen die Problemfelder bekannt. Er ist auch in der Lage, die Schnittstellen zwischen organisatorischen Bereichen auf grundsätzliche Funktionstüchtigkeit im Sinne des Zielsystems zu beurteilen.

Sind die Reorganisationsblöcke festgelegt, so müssen sie in ihrer Dimension beurteilt werden. Hintergrund für diesen Schritt ist die Erfahrung, daß für jeden Betrieb das Ausmaß bewältigbarer Umgestaltung pro Zeiteinheit begrenzt ist und andererseits eine Veränderungsmaßnahme eine bestimmte Zeitdauer nicht überschreiten sollte, ohne daß der Betrieb Gefahr läuft, der Umstellung müde zu werden. Als Faustregel gilt, daß jede Reorganisationsmaßnahme in maximal einem Jahr, besser jedoch schon nach sechs bis neun Monaten abgeschlossen sein sollte. Daraufhin sind die einzelnen geplanten Schritte zu dimensionieren.

Liegen die Schritte fest, so erfolgen die Priorisierung und die Reihenfolgebildung. Auch dabei leistet das Wissen des Mittelmanagements wertvolle Hilfe; das Ergebnis ist ein Stufenplan für die gesamte Reorganisation.

Der Stufenplan muß abschließend auf logische Mängel dergestalt abgeprüft werden, daß nicht Veränderungen, die Voraussetzungen für den Erfolg anderer darstellen, nach diesen durchgeführt werden. So versuchen viele Betriebe, die Produktion zu reorganisieren, ohne vorher die Voraussetzungen im Einkauf und Vertrieb geschaffen zu haben, oder ein Profit-Center-Konzept umzusetzen, ohne über ein leistungsfähiges zentrales Controlling zu verfügen. Auch die Verantwortungsdelegation ohne vorherige Neustrukturierung der Führungsmannschaft ist üblicherweise zum Scheitern verurteilt.

Existiert der geforderte vollständige und widerspruchsfreie Stufenplan für die Reorganisation, so kann die eigentliche Planung begonnen werden.

4.3.1.4 Planungsmethodik

Die Planung der Reorganisation folgt immer dann einer Methodik, wenn sie die folgenden Grundsätze befolgt:

1. Grundsatz der Zielkonformität
2. Grundsatz der Förderung der Kernkompetenz
3. Grundsatz der Förderung der langfristigen PEL-Phasenausprägung
4. Grundsatz der schrittweisen Verfeinerung
5. Grundsatz der Einbeziehung der Beteiligten
6. Grundsatz der Beschränkung der Planungsdauer

Nach den bisherigen Ausführungen versteht sich die Befolgung der ersten drei Grundsätze von selbst. Nur wenn diesbezügliche Vorgaben der Geschäftsleitung bestehen und bei der Planung konsequent befolgt werden, kann jeder Reorganisationsschritt richtig vorgedacht und beschrieben werden und hat Aussicht auf erfolgreiche Realisierung.

Der Grundsatz der schrittweisen Verfeinerung bedeutet die Forderung nach der Einhaltung

- einer Grobplanungsphase und
- einer Feinplanungsphase.

Häufig werden diese Phasen gemischt, weil die an der Planung Beteiligten und/oder die Geschäftsleitung auf handgreifliche Ergebnisse drängen, bis hin zum Wunsch nach detaillierten Handlungsanweisungen. Dieses rasche Eintauchen in die Tiefen der Planung verstellt den Blick für den gesamten Reorganisationsschritt und die damit verfolgten Absichten bezüglich der Grundsätze 1–3. Auch drohen solche „schiefen" Planungen Organisationsvorschläge zu erzeugen, die günstigstenfalls in sich schlüssig sind, aber eine Verzahnung mit anderen Reorganisationsschritten erschweren oder unmöglich machen.

Eine klare Trennung der Grob- und Feinplanungsphase ist ferner nötig, um an jeder den richtigen Personenkreis mitwirken zu lassen und dadurch dem 5. Grundsatz zu genügen.

Der Grundsatz der Einbeziehung der Beteiligten bedeutet, daß

- die Grobplanung von Mitarbeitern durchgeführt wird, die über betriebliche Zusammenhänge informiert sind, und
- die Feinplanung verstärkt die von dem Reorganisationsschritt Betroffenen einbezieht.

Jede Planung, die unter Ausschluß dieser Personen oder auch nur mittels sporadischer Einbeziehung unter Federführung Dritter durchgeführt wird, wird bei der Realisierung auf gewaltige Akzeptanzprobleme stoßen. Dies gilt insbesondere, wenn mit der Reorganisation eine Bedeutungsverschiebung der PEL-Phasen verbunden sein soll.

Als Argument gegen die intensive Einbeziehung der Betroffenen wird häufig deren Belastung im betrieblichen Alltag angeführt. Dem ist entgegenzuhalten, daß der mit der Planung betraute Personenkreis auch die Fähigkeit besitzen muß, im kleinen, sprich den eigenen Arbeitsplatz so zu planen, daß Zeit für andere Aufgaben bleibt, und daß die Planung der Reorganisation dem 6. Grundsatz entsprechen muß und dadurch die Belastung der Planenden ohnehin begrenzt wird.

Der 6. Grundsatz verlangt, daß Planungsteams nicht als langfristige Einrichtung verstanden werden dürfen, sondern in begrenzter, vorher festgelegter Zeit ihre Arbeit zu erledigen haben. Sind die Reorganisationsschritte richtig dimensioniert, so genügen im allgemeinen drei bis maximal vier Monate Planungszeit mit einer durchschnittlichen Belastung von einem bis anderthalb Tagen pro Woche.

Das Ergebnis der Planung ist eine Ausarbeitung, die im nächsten Schritt der Reorganisation in die betriebliche Praxis umgesetzt wird.

4.3.2 Durchführung

4.3.2.1 Einhaltung des Stufenplanes

Vorausgesetzt, daß der ursprünglich festgelegte Stufenplan zur Reorganisation den betrieblichen Belangen optimal entspricht, ist darauf zu achten, daß auch in der Realisierung diese Reihenfolge eingehalten wird. Die Erfahrung zeigt zahllose Verstöße gegen diese banal erscheinende Forderung. Vor allem die aktuelle Bedingungslage verleitet viele Betriebe, neue Prioritäten auch für strategische Maßnahmen zu setzen und die Strategie dadurch zum Erfüllungsgehilfen der Taktik zu degradieren. In solchen Fällen setzen sich regelmäßig die Kräfte der Restauration, also die internen Restriktionen durch und konservieren über diesen Weg die alte PEL-Phasenausprägung. Ein typisches Beispiel hierfür ist die Zurückstellung des Ausbaus eines Vertriebsnetzes zugunsten von Rationalisierungsprojekten in der Produktion. Auch eine Streckung in der Realisierung kommt bereits einer Bedeutungsverschiebung gleich, weil dadurch die Realisierungsdauer und der Erfolg insgesamt gefährdet werden.

Nur die konsequente Einhaltung des Stufenplanes zeigt, daß es der Geschäftsführung ernst ist mit der Umgestaltung und daß sie damit ihre konsequente Verfolgung des Zielsystems in Verbindung mit der Entwicklung der Kernkompetenz auch nach außen unter Beweis stellt.

4.3.2.2 Vorbereitungsgrad

Eine Reorganisationsmaßnahme ist nicht schon deswegen gut vorbereitet, weil eine detaillierte Beschreibung des Sollzustandes existiert. Wenn dies genügen würde, müßte den Vorschlägen vieler Beratungsunternehmen mehr und schnellerer Erfolg in den Betrieben beschieden sein, als es tatsächlich der Fall ist. Für die Vorbereitung ist demnach nicht nur die sachliche Ausarbeitung wichtig.

Entscheidend ist neben der sachlichen Planung die Motivation der Betroffenen für die Veränderung. Existiert diese Motivation nicht oder findet sie sich nur bei einigen Beteiligten und fehlt beispielsweise dem verantwortlichen Mittel-Manager, so droht der Reorganisationsschritt zu scheitern.

Ist andererseits die Begeisterung zur Veränderung bei allen betroffenen Mitarbeitern und Vorgesetzten vorhanden, so genügt oft schon eine grobe Beschreibung des Sollzustandes: Der neue Geist stellt sicher, daß die fehlende Detaillierung gemeinsam ohne allzu große Diskussionen aufbereitet wird oder daß sich auch ohne Abstimmung die handelnden Personen zielkonform verhalten.

Der Vorbereitungsgrad ist also ein Synonym für die „Motivation für die Sache". Sobald diese bei den Verantwortlichen und den informellen Meinungsbildnern zu finden ist, kann eine Reorganisationsmaßnahme realisiert werden.

4.3.2.3 Persönliche Verantwortung für die Realisierung

Die oben genannte Motivation ist wohl ausreichend für den Start der Realisierung, sie stellt indessen keine Garantie für den Gesamterfolg dar. Dieser kann nur von einem Menschen gewährleistet werden, der sich vollständig der Idee verschrieben hat, die hinter der Organisationsveränderung steckt. Dieser Mitarbeiter wird somit zum Träger der Veränderung, er ist die Personifizierung der neuen Organisation.

Die Aufgabe dieses Mitarbeiters ist es, die Idee zu verkörpern, weiterzutragen, zu verteidigen und vorzuleben. Ohne sein Beispiel laufen gute Vorsätze und als richtig erkannte Veränderungen Gefahr, im betrieblichen Alltag von überkommenen Zwängen, passiven Kollegen und bewährten weil gewohnten Verhaltensmustern vereinnahmt und unterdrückt zu werden. Der persönlich Verantwortliche allein ist in der Lage, die Unstimmigkeiten in der Zusammenarbeit mit Dritten aufzuzeigen und die neue Linie zu verteidigen. Nur er kann die Widerstände Dritter als solche anprangern und die Abstellung einklagen.

Damit der Verantwortliche seiner Aufgabe gerecht werden kann, muß er mit weitreichenden Befugnissen ausgestattet und der vorbehaltlosen Unterstützung der Geschäftsführung sicher sein. Letztere wird nur dann die geplanten Ergebnisse erzielen, wenn sie den neuen Weg aktiv unterstützt; dies bedeutet auch gelegentliche Brüskierung anderer – traditionsverhafteter – Mitarbeiter.

4.3.2.4 Reorganisations-Marketing

In zahlreichen Betrieben werden organisatorische Neuerungen in aller Stille eingeführt. Oft wissen nur die direkt Betroffenen von den Veränderungen, und gelegentlich wird sogar dieser Personenkreis überrascht. Die Reorganisation erhält dadurch den Anstrich des Heimlichen, sie geht kaum jemanden etwas an, und man gewinnt gelegentlich den Eindruck, als sei die Aktion sogar der Geschäftsführung peinlich. Dieses Bild gewinnt noch an Kontur, wenn, wie bei EDV-Projekten häufig, sich das Top-Management aus mangelndem Interesse und Verständnis weigert, dem Thema mehr als nur einige Minuten Aufmerksamkeit zu widmen.

Der Erfolg der Reorganisation ist dagegen wie der Erfolg jeder Aktion (in jedem Markt) vor allem davon abhängig, wie die Maßnahme „verkauft" wird. Organisatorische Umstrukturierungen müssen ausführlich angekündigt und wiederholt in das Bewußtsein aller Organisationsmitglieder eingestellt werden. Dem Gewicht der Veränderung muß die Wahl der Mittel entsprechen, mit denen sie publiziert wird. Die Begeisterung für das Neue muß bei den Entscheidungsträgern spürbar sein und kann nur so auf alle übrigen Mitarbeiter übergehen.

Das Informationsbedürfnis aller in Sachen Veränderung muß bereitwillig gestillt werden und darf nicht als lästige Pflicht empfunden werden. Schriftliche Informationen genügen dabei nicht; erst Gespräche, Vorträge und Diskussionen sind geeignet, den Grad an Akzeptanz zu erzeugen, der für den Erfolg der Veränderung unerläßlich ist.

Dabei ist es wichtig, die Neuerung mit einprägsamen Schlagworten zu versehen, die rasch in den Sprachgebrauch im Betrieb eingehen und so der Reorganisation Lebendigkeit verleihen.

4.3.2.5 Aufarbeitung der Veränderungen

Reorganisationen können, insbesondere wenn sie tiefgreifend sind, nicht ohne nachträgliche Korrekturen gelingen. Kein noch so ausgefeilter Plan berücksichtigt alle Eventualitäten im Innern oder gar alle Rückwirkungen auf Dritte. Daraus ergibt sich für die Zeit nach der offiziellen Einführung weiterer Veränderungsbedarf. Darin ist kein Nachteil, sondern eine Chance zu sehen, wenn die übrigen Bedingungen, vor allem die Trägerschaft und das Marketing, stimmen. Der Prozeß der Justierung der Organisation in der Praxis auf der Basis eines abgestimmten Konzeptes birgt den Vorteil in sich, die Betroffenen auch laufend an ihrem Umfeld mitarbeiten zu lassen und so das Gefühl von Selbstbestimmung zu vermitteln.

Eine andere und ungleich größere Chance ist darin zu sehen, daß die Mitarbeiter die betriebliche Organisation als etwas Dynamisches begreifen, das bei Bedarf zu ändern ist, wobei „Bedarf" von jedermann angemeldet werden kann. Gewinnt ein Betrieb Erfahrung mit dieser dynamischen Interpretation der Organisation, so ist es nur noch ein kleiner Schritt bis zur Überwindung des Selbstzweckcharakters der Organisation im Bewußtsein ihrer Mitglieder.

Damit öffnen sich völlig neue Wege zur Organisationsgestaltung. Die Starrheit der Organisation, die nach bisherigen Vorstellungen stets langfristig zu gelten hat, wird überwunden und ersetzt durch eine Sicht, die weniger Erhaltung einer einmal gewählten Struktur als vielmehr Bedarf an laufender Veränderung fordert. Die Retardierung jeder Organisation kann so minimiert werden, und das Argument der Beharrung auf bewährten Strukturen entfällt. Organisationen werden dynamisiert, wie dies moderne Märkte von den Betrieben auch tatsächlich fordern. Wir können diese Entwicklung fördern, wenn wir schon die erste große Reorganisation nicht als Einzelaktion durchführen, sondern als dauerhaften Prozeß anlegen.

4.4 Kontrolle

4.4.1 Unmöglichkeit monetärer Kontrollen

Reorganisationsmaßnahmen müssen kontrolliert werden auf der Basis der mit ihnen verfolgten Ziele. Allerdings ist es im allgemeinen nicht möglich, den Erfolg in monetären Größen zu messen, obwohl zahllose Versuche – darunter auch angeblich erfolgreiche – unternommen wurden, die Wirtschaftlichkeit einer Organisationsmaßnahme zu berechnen.

Die Unmöglichkeit dieser Messung ist mittels eines Blicks in die Volkswirtschaftstheorie leicht einzusehen. Dort finden sich intelligente Ansätze zur Untersuchung des Nutzens von Infrastrukturinvestitionen wie eines Stadtparks und des Vorteils einer Armee. Wir sind uns zwar alle bewußt, daß diese Investitionen nötig sind, weil sie den Rahmen für die wirtschaftliche Entwicklung oder die Regenerierung der Arbeitskraft schaffen, aber wir können diesen Nutzen nicht auf die einzelnen Nutznießer verteilen, und wir können nicht messen, was ein Verzicht bedeuten würde. Analog ist die betriebliche Organisation zu sehen: Sie ist ein wichtiger Teil der betrieblichen Infrastruktur und deswegen grundsätzlich nötig. Inwiefern eine bestimmte Organisation grundsätzlich Nutzen bringt, ist ebensowenig quantifizierbar wie der Vergleich mit einer anderen. Organisation sollte demnach immer nur qualitativ bewertet werden dergestalt, daß wir ihre Eignung als Infrastruktur für ein bestimmtes Ziel betrachten. Im hier vorgestellten Modell ist das Ziel die angemessene PEL-Phasenausprägung. Eine organisatorische Veränderung ist immer dann erfolgreich, wenn sie die Phasenausprägung im gewünschten Sinn verändert.

4.4.2 Kontrolle der PEL-Phasenausprägung

Auch diese Phasenausprägung ist nicht meßbar in herkömmlichen Kategorien. Wir können lediglich versuchen, wie in Punkt 3.1.1 beschrieben, Bedeutungsrelationen zu bilden. Um das Bild von diesen Bedeutungsrelationen auf eine möglichst breite Basis zu stellen, sollten alle betrieblichen Entscheidungsträger dazu Stellung beziehen. Geeignet ist hierzu ein Bewertungsbogen, wie etwa auf der folgenden Seite dargestellt.

Wird diese Befragung vor der Reorganisation durchgeführt, so könnte sich etwa das dargestellte Bild ergeben. Nach der Reorganisation muß die gleiche Untersuchung – je nach Zielsetzung des Betriebes – eine Verschiebung zugunsten des Engineering und/oder der Logistik zeigen. Ist das nicht der Fall, dann ist dieser Reorganisationsversuch gescheitert.

Andere Möglichkeiten zur Erfolgskontrolle sind

- die Entwicklung der Liefertreue,
- die Entwicklung des Materialanteils an den Kosten,
- die Relation von Angestellten zu gewerblichen Mitarbeitern,
- das angebotene Leistungsspektrum,
- die Ertragsentwicklung.

Worauf wird in unserem Betrieb Gewicht gelegt:

Aufgabe	Gewichtung*
Günstiger Einkauf des Materials (L)	2
Kenntnis vieler Beschaffungsquellen (L)	0
Lieferantenqualifizierung/-auswahl (L)	0
Qualität der Fertigungssteuerung (L)	0
Termintreue Belieferung des Kunden (L)	3
Qualität der Außendienstorganisation (L)	1
Eroberung neuer Märkte (L)	1
Erfüllung ungewöhnlicher Kundenwünsche (L)	0
Entwicklung moderner Produkte (E)	3
Beherrschung neuester Fertigungsverfahren (P)	2
Vorentwicklung ohne Kundenauftrag (E)	0
Beschäftigung mit Elektronik (E)	2
Einsatz modernster Werkstoffe (E)	0
Rasche Umsetzung technischen Know-hows (E)	1
Lösung technisch schwieriger Probleme (E)	1
Technische Überlegenheit gegenüber der Konkurrenz (E)	1
Rationalisierung in der Produktion (P)	3
Produkte weitgehend selbst herstellen (P)	1
Produktion gut auslasten (P)	3
Viele Produktionsverfahren beherrschen (P)	2
Produktion mit vielen Investitionen ausstatten (P)	3
Produktion modern ausstatten (P)	3
Bei Vollkosten produzieren statt kaufen (P)	2
Bei Wachstum die Produktion ausbauen (P)	2

Summen: P = 19 = 50 %
  E = 10 = 28 %
  L = 7 = 22 %

* 3 = sehr wichtig ... 0 = unwichtig
  3, 2, 1, 0 müssen je viermal vergeben werden.

Alle diese Größen werden zwar von vielen Faktoren beeinflußt, zusammengenommen stellen sie jedoch einen guten Ausdruck für die Marktnähe und Angemessenheit der PEL-Phasenausprägung dar. Zudem dürfen wir vermuten, daß diese Größen alle miteinander positiv korrelieren, also die positive Veränderung einiger dieser Faktoren eine positive Entwicklung nach sich zieht; beispielsweise korrelieren üblicherweise

- Materialanteil und Leistungsspektrum,
- Relation Angestellte/Gewerbliche und Ertragsentwicklung,
- Liefertreue und Ertragsentwicklung.

Die Korrelation im letzten Fall bedeutet nicht, daß sie sich direkt beeinflussen, sondern nur, daß sie über dritte Größen, zum Beispiel das Marktbewußtsein und die dadurch erzeugte Flexibilität, miteinander verbunden sind.

4.4.3 Kontrolle der Wirkung interner Restriktionen

Mit der Verfolgung der PEL-Phasenausprägung können die Zielrichtung einer Veränderung und der Grad der Zielerreichung kontrolliert werden. Ist jedoch keine organisatorische Veränderung geplant, etwa weil sie noch nicht oder nach Abschluß einer Umorganisation nicht mehr für erforderlich gehalten wird, so bedarf der Betrieb scheinbar keiner Kontrolle seiner Organisation(-squalität). Dem ist jedoch zu widersprechen, wenn wir von einem dynamischen Markt, also permanenten Veränderungen ausgehen und davon, daß die Organisationsentwicklung im Betrieb (noch) nicht dynamisch gesehen wird. In allen diesen Fällen treten Friktionen zwischen Markt und Organisation auf, die sich je nach ihrem Ausmaß – wie in Punkt 2.3.2 beschrieben – in

- überraschtem,
- kämpfendem,
- konfusem oder
- resignierendem

Reagieren der Organisation äußern.

Jeder Betrieb sollte, gegebenenfalls mit externer Hilfe, in Abständen prüfen, ob, und wenn ja, wie sich seine Organisation marktunkonform verhält. Die Anzeichen wurden vorne beschrieben. Wichtig ist allerdings, daß bereits vor der Überprüfung feststeht, daß in jedem Fall der Diskrepanz von Markt und Organisation *sofort* Gegenmaßnahmen ergriffen werden, um die internen Restriktionen zu verringern. Als wichtigste Gegenmaßnahmen sind zu nennen:

- bessere Informationen über die Märkte durch Vorträge, Job-rotation und die Einbeziehung vieler Mitarbeiter in Kundengespräche,
- Workshops zur grundsätzlichen Diskussion der eigenen Situation,
- Workshops zur Diskussion der Organisation und
- die Budgetierung der Ziele Liefertreue, Leistungsspektrum und Ertrag.

Durch diese Maßnahmen wird der Belegschaft das organisatorische Problem verdeutlicht und die Bereitschaft der Geschäftsführung zu Veränderungen dokumentiert.

4.4.4 Organisationskontrolle als Daueraufgabe der Geschäftsführung

In den vorstehenden Ausführungen wurde wiederholt auf den dynamischen Wesenszug organisatorischer Veränderungen verwiesen. Organisation ist nicht eine einmalige Anstrengung in jedem oder jedem zweiten Dezennium, sondern der Empfangs-, Verstärker- und Sendeteil eines Betriebes. Er muß laufend an die Frequenz angepaßt werden, in der das Umfeld „schwingt". Wurde der gute Kontakt verloren, so müssen die Nachbarfrequenzen abgesucht werden, bis er wiederhergestellt ist und das „Rauschen" minimiert wurde. Die Aufgabe der Suche nach der besten Verbindung obliegt der Geschäftsführung und ist eine Daueraufgabe.

Diese Aufgabe erfordert eine Loslösung vom Tagesgeschäft und sogar einen gehörigen Abstand vom gesamten Betrieb. Nur wenn dieser quasi von außen gesehen wird, kann er diesbezüglich richtig gesehen werden.

Es muß der Geschäftsführung also gelingen, den Betrieb in seinem Mittelcharakter zur Zielerreichung zu erkennen und sich von Selbstzwecktendenzen zu befreien, die jedem Betrieb anhaften. Dies erst erlaubt ihr, die geforderte Kontrollfunktion erfolgreich wahrzunehmen und den langfristigen Erfolg des Betriebes zu sichern.

4.5 Exkurs: Externe Beratung zur Unterstützung bei Reorganisationsmaßnahmen

4.5.1 Gefahr und Chancen des Beratereinsatzes

Externe Unterstützung wird heute in vielgestaltiger Form angeboten und auch angenommen. Leider ist oft festzustellen, daß die erhoffte Wirkung nicht eingetreten ist, sei es, daß die Vorschläge nicht rasch genug umgesetzt wurden, sei es, daß sie gar nicht gegriffen haben, sei es, daß sie nur marginale Verbesserungen brachten.

Die Ursachen für das Auseinanderfallen von Wunsch und Realität liegen gleichermaßen bei den Beratern wie in den Betrieben. Die Betriebe machen vor allem folgende Fehler:

1. Sie sehen im Berater einen Erfüllungsgehilfen, der ihre Vorstellungen im Betrieb durchsetzen soll.
2. Sie haben keine Vorstellungen und erwarten, daß der Berater ausformulierte Vorschläge besitzt, die es lediglich zu realisieren gilt.
3. Sie sind nicht bereit, Kritik des Beraters dann zu akzeptieren, wenn sie auf Verhaltensänderungen abzielt.
4. Sie sehen im Berater lediglich eine vorübergehende Kapazitätserhöhung, die gemäß der aktuellen Situation einzusetzen ist.
5. Sie glauben, daß ein Berater(-team) Ideen gegen die gesamte Organisation durchsetzen kann.

Die häufigsten Fehler der Berater sind:

1. Sie identifizieren sich viel zuwenig mit der Situation des beratenen Betriebes.
2. Sie beschränken sich auf die Unterbreitung von Vorschlägen, die der Betrieb mangels Kapazität nicht umsetzen kann.
3. Sie besitzen zuwenig Gespür für die gesamtbetrieblichen Zusammenhänge.
4. Sie sind nicht willens, die Fehler der Geschäftsführung zu rügen.

Statt an dieser Stelle diese Ursachen für wenig erfolgreichen Beratereinsatz weitergehend untersuchen zu wollen und damit den Sinn und Unsinn jedes Beratereinsatzes zu diskutieren, sei lediglich angemerkt, daß alle diese Probleme vermieden werden können und der Beratereinsatz nutzbringend ist, wenn

- die Geschäftsführung selbstbewußt, offen, einsichtig und bereit ist, ihr Verhalten zu ändern,
- der Betrieb Handlungsspielraum in der Form besitzt, daß seine Ertragskraft erlaubt, Veränderungen weitgehend mit eigenem Personal zu bewältigen und
- der Berater über genügend visionäre Kraft verfügt, um seine Grundideen im Betrieb fest zu verankern.

Zum ersten Punkt gehört, daß die Geschäftsführung den Berater als einen Gesprächspartner akzeptiert, der so konsequent zum Wohle des Betriebes arbeitet, daß er auch Fehler an der Spitze rügt und dabei wenig Rücksicht auf die persönlichen Probleme seiner Auftraggeber nimmt. Die Geschäftsführung muß die Konfrontation mit der Tatsache ertragen, daß im Grundsatz alle Probleme von ihr ausgehen, d. h. in ihrem aktiven oder passiven Verhalten begründet sind, und sie muß fähig sein, daraus Konsequenzen bezüglich ihres Führungsstils zu ziehen. Sie darf nicht erwarten, daß ein Berater ihre – betriebsblinde – Sicht teilt und nur das übrige (Mittel-)Management zu Verhaltenskorrekturen anhält. Sie darf auch nicht erwarten, daß ein Know-how-Input allein in der Lage ist, betriebliche Probleme zu lösen dergestalt, daß mit neuen Hilfsmitteln und altem Geist sich die Dinge zum Besseren wenden werden. Sie muß vielmehr einsehen, daß eine Organisation sich so lange erfolgreich gegen Neuerungen wehren wird, wie die Führungsspitze die alte Grundstruktur durch ihr Verhalten weiter repräsentiert.

Insbesondere große Veränderungen im Betrieb können nur durchgesetzt werden, wenn ausreichend wirtschaftliche Kraft vorhanden ist. Alle Versuche, Detailkorrekturen durchzuführen, sind immer dann zum Scheitern verurteilt, wenn der entsprechend große Rahmen fehlt. Diesen Rahmen jedoch zu gestalten und über einen längeren Zeitraum zu bewahren, erfordert erhebliche personelle und finanzielle Anstrengungen, zu denen ein ertragsschwacher Betrieb nur selten in der Lage ist. Ein Berater ersetzt in diesen Fällen nicht die betriebliche Eigenleistung, er unterstützt und führt sie allenfalls.

Damit der Berater seine sachlich-gestalterische Führungsaufgabe wahrnehmen kann und als Moderator im Umgestaltungsprozeß Akzeptanz findet, muß er über ein hohes Maß an Überzeugungskraft verfügen, die voraussetzt, daß er von seinen Ideen zutiefst überzeugt ist. Diese Überzeugung muß ihm ausreichend visionäre Kraft verleihen, um den Mitarbeitern des Betriebes die neuen Ideen zu vermitteln, Gegenargumente/interne Restriktionen zu überwinden und ein konsequentes Beispiel für den neuen Weg zu geben. Gelingt es dem Berater nicht, diese Rolle zu spielen, so werden sich im Normalfall die alten Kräfte durchsetzen und die geplante Veränderung zum Scheitern bringen.

4.5.2 Beratung bei Reorganisationsmaßnahmen

Im oben formulierten Sinne kann die externe Unterstützung in folgenden Punkten in Anspruch genommen werden:

- zur Zielfindung und Definition der Kernkompetenz
- zur Beschreibung der Ziel-Organisation
- zur Projekt-/Maßnahmendefinition
- zur Moderation der Projektplanung
- zur fachlichen Betreuung der Realisierung
- zur Erfolgskontrolle

4.5.2.1 Beratung zur Zielfindung und Definition der Kernkompetenz

Zunächst wird der Geschäftsführung die Grundphilosophie des Beraters vorgetragen und geprüft, ob diesbezüglich prinzipielle Einigkeit besteht oder nicht. Im letzten Fall sollte die Zusammenarbeit rasch beendet werden; auch von der Vergabe von Teilaufträgen ist abzuraten, da diese vom Berater in einem anderen Geist erledigt würden, als die Geschäftsführung es erwartet.

Besteht dagegen ein Grundkonsens, so können in einem ein- bis zweitägigen Workshop die Ziele der Geschäftsführung – sinnvollerweise unter Beteiligung der Kapitaleigner, wenn diese nicht in der Geschäftsführung vertreten sind – definiert werden. Dabei werden Einzelziele zu gemeinsamen Zielen verdichtet und so ausformuliert, daß alle Beteiligten – einschließlich des Beraters – die Formulierung tragen.

Eng verbunden mit der Definition der Ziele ist die Diskussion der Kernkompetenz, die ebenfalls in dieser Veranstaltung zu einem einvernehmlichen Abschluß gebracht werden muß in der Art, daß Ist- und Soll-Kernkompetenz eindeutig definiert werden.

Über die Ergebnisse des Workshops wird ein Informationspapier erstellt, das dem restlichen Management des Betriebs übergeben wird. Nach ausreichender Zeit zur Beschäftigung mit diesem Papier findet unter Leitung des Beraters ein Workshop mit diesem Personenkreis statt, um die Vorstellungen der Geschäftsführung zu diskutieren und möglichst zu akzeptieren. Ist dies geschehen, werden die Ziele allen Mitarbeitern bekanntgegeben.

4.5.2.2 Beratung zur Beschreibung der Ziel-Organisation

Wiederum in Workshops mit dem Mittel-Management diskutiert der Berater mögliche Organisationsformen für den Betrieb in der Zukunft. Basis sind ein Zehnjahreszeitraum und das Zielsystem sowie die Soll-Kernkompetenz. Die denkbaren Organisationsformen werden in Kurzreferaten vom Berater in ihren grundsätzlichen Vor- und Nachteilen dargestellt und in ihrer Rückwirkung auf das Zielsystem erläutert.

Entscheidend für den Erfolg dieser Veranstaltung ist, daß der Berater stets das Gesamtmodell vor Augen hat und Einzelvorschläge der Workshop-Teilnehmer in ihrer Kompatibilität oder Nichtkompatibilität erkennen und erläutern kann. Er arbeitet gewissermaßen als Expertensystem, das mit verschiedenartigen Vorschlägen konfrontiert wird. In dem Workshop – bei zu großer Teilnehmerzahl müssen mehrere Parallelveranstaltungen stattfinden – führt der Berater die Ideen zu einem großen Organisationsmodell zusammen, das anschließend von ihm detailliert beschrieben wird. Dieser Bericht stellt die betriebliche Zielorganisation dar und wird ebenfalls gemeinsam diskutiert, nachdem ausreichend Zeit zu seinem Studium bestanden hat.

4.5.2.3 Beratung zur Projekt-/Maßnahmendefinition

In dieser Phase kann der Berater darauf achten, daß die Portionierung der gesamten Reorganisation zu Projekten verträglicher Größe führt, daß die Abgrenzung der Projekte sowohl den Betriebsgegebenheiten als auch den

Belangen der Umstrukturierung genügt und daß die Reihenfolgebildung den Gesamtprozeß optimal fördert. Außerdem ist bei größeren Komplexen eine Projekthierarchie festzulegen mit Haupt- und Teilprojekten; diese sind logisch zum Gesamtprojekt zusammenzufügen und in den Gesamtkontext einzubinden.

Weiterhin kann der Berater Wesentliches dazu beitragen,

– den zeitlichen Aufwand des Projektes richtig abzuschätzen,
– die richtige Teamzusammensetzung zu fördern und
– die Projektkosten zu prognostizieren.

Schließlich sollten zusammen mit dem Berater die Erwartungen an das Projekt formuliert werden.

4.5.2.4 Moderation der Projektplanung

Die Leitung jedes Organisationsprojektes sollte in den Händen eines internen Mitarbeiters liegen, wenn irgend der Betrieb über derartige Kapazität verfügt; andernfalls ist er gut beraten, sich die Kapazität wenigstens mittelfristig zu beschaffen.

Die Teammitglieder sollten ebenfalls Mitarbeiter des Betriebes sein, es sei denn, es fehlt grundsätzliches organisatorisches Know-how, dann muß ein externer Spezialist hinzugezogen werden. Unabhängig davon kann nur ein externer Berater die Projektarbeit reibungsarm und zielgerichtet moderieren. Die Moderation besteht darin,

– die Teamarbeit auf das angestrebte Ziel auszurichten und das Diffundieren in Detailfragen ebenso zu vermeiden wie eine eigene Nabelschau,
– die Teammitglieder laufend an die Rahmenbedingungen und Interdependenzen mit Dritten zu erinnern und
– bei Bedarf Fachwissen in die Diskussion einzubringen.

Diese Moderation vereinfacht und verkürzt die Teamarbeit, ersetzt jedoch niemals die Bedeutung der Mitarbeit der Teammitglieder, die angetreten sind, *ihre* Probleme zu lösen. Der Moderator hat nicht die Pflicht, fremde Probleme zu lösen, sondern nur deren Lösung möglichst rasch und einfach zu gestalten.

4.5.2.5 Fachliche Betreuung der Realisierung

Wer die Zeit der Planung aus übergeordneter und integrierender Position heraus miterlebt hat, ist prädestiniert, aus eben dieser Warte auch die Realisierung zu beobachten und soweit nötig zu unterstützen.

Der Berater kann hierbei besonders gut seine Erfahrung mit ähnlichen Projekten in anderen Betrieben einsetzen, um Sackgassen vermeiden zu helfen und die typischen Turbulenzen anläßlich jeder Realisierung

- einerseits als normal zu erklären und
- andererseits auf das Minimum zu reduzieren.

Er kann ferner als Koordinator und Mentor bei der Fremdvergabe von Teilprojekten, etwa der Softwareerstellung, fungieren.

Nur im Extremfall, wenn kein Mitarbeiter des Betriebes in der Lage dazu ist und das Projekt dennoch realisiert werden muß, kann der Berater die persönliche Verantwortung für die Realisierung (siehe Punkt 4.3.2.3) übernehmen, indem er als Manager auf Zeit im Betrieb mitarbeitet. Diese Aufgabe muß von vornherein limitiert sein, indem ein Nachfolger entweder am Personalmarkt gesucht oder aus den eigenen Reihen aufgebaut wird.

Das Management auf Zeit bietet dabei den Vorteil, in einer Person Linienkapazität, Fachkompetenz und die Aufgabe der Veränderung zu vereinen, also den Idealfall des dynamischen Managers zu bekommen, wenn der Berater von seiner Persönlichkeit her dieser Herausforderung gewachsen ist. Fehlt es an dieser Voraussetzung, so bedeutet das für das Projekt eine um so größere Gefahr.

4.5.2.6 Beratung bei der Erfolgskontrolle

Die Beratung bei der Erfolgskontrolle beschränkt sich auf die Unterstützung der Geschäftsführung bei der Wahrnehmung dieser Aufgabe. Dabei ist weniger fachliches Know-how gefragt als vielmehr der Mut, auch auf die Versäumnisse der Führungsspitze hinzuweisen, wenn daraus eine Verzögerung oder Gefährdung der Umstrukturierung resultiert.

Häufig sind dabei die Fälle, daß die Geschäftsführung die Verfolgung der von ihr gesetzten Ziele selbst aufgibt, kurzfristig Prioritäten neu setzt, mangelnde Klarheit ihrer eigenen Absichten deutlich wird und das Interesse an der Reorganisation schwindet. In dieser Situation hat der Berater die Pflicht, in aller Deutlichkeit die Folgen auszumachen, die daraus für die Organisation entstehen müssen und daß dieses Verhalten nur die Kräfte der Tradition stärkt. Er hat diese Pflicht auch auf die Gefahr hin, daß ihm das Vertrauen entzogen wird, mit dem es allerdings nicht gut bestellt sein konnte, wenn seine Mahnungen auf unfruchtbaren Boden fallen.

Abschließend sei noch eine zusammenfassende Anmerkung zur externen Unterstützung bei Reorganisationsmaßnahmen gestattet:

Kein Berater kann etwas ins Leben rufen, das nicht latent vorhanden ist, und kein Berater kann erfolgreich gegen den Strom eines ganzen Betriebes schwimmen, aber jeder gute Berater kann der Geschäftsführung die Augen öffnen über ihre Mitarbeiter und umgekehrt, und er kann dadurch eine Kommunikation in Gang setzen, die die unabdingbare Voraussetzung für jede Veränderung ist.

Stichwortverzeichnis

A
Absatzlogistik 86
Akzeptanzphase 44
Angebotsüberhang 18

B
Bedeutungsrelationen 54
Berater 140
Beschaffungslogistik 85
Betriebsgrößen 56
Bewertungsbogen 130 f.

C
Controlling 123

D
Dispositionslogik 72
Durchlaufzeitverkürzung 90

E
EDV-Einsatz 43
Einflußfaktoren 47
Einheiten, kleine 89
Engineering 13, 92 ff., 109
Engineeringphase 16
Entlohnung 75
Erfolgskontrolle 139
Externe Beratung 134 ff.

F
Fehler 134
Fertigungstiefe 70
Flexibilisierung 91
Fristigkeit der Organisations-
    gestaltung 121

G
Gesamtrationalisierungskurve
    20 f., 22
Großbetriebe 56 ff., 87 ff.
Grundlast 75
Grundmatrix 96 ff.
Grundsätze 124 f.

H
Hilfsmittel 43
Hypothesen 32 f.

I
Idealorganisation 122
Improvisation 32
Industrialisierung 15
Industrialisierungsphasen 27
Industriezeitalter, Phasen des
    23
Interne Restriktionen 35
Investition 81
Ist-Kernkompetenz 112

J
Japan 25

K
Käufermarkt 17
Kalkulation 73
Kalkulationssystematik 73
Kampfphase 42
Kernkompetenz 106
Kleinbetriebe 60 ff.
Know-how 108 f.
Konfusionsphase 43
Kontrolle 129 ff.
Koordination 87
Kostenstruktur 122
Kundenproduktion 17

L
Langfristige Unternehmenszielsetzung 120
Leistungspotentiale 106
Logistik 13, 94, 111
Logistikphase 18
Logistische Funktionen 83
Lüge 39

M
Make-or-buy-Entscheidung 74
Marktbewußtsein 38
Marktgeschehen 33
Marktkonformität 51 ff.
Marktnähe 38
Material 84
Matrixorganisation 81

Mitarbeiterqualifikation 15
Mittelbetriebe 59, 66 ff.
Modell 31
Moderation 59

N
Nachfrageüberhang 17
Nordamerika 24

O
Organisationsanalyse 56
Organisationsentwicklung 30, 101 ff.
Organisationskontrolle 133
Organisatorische Einflußfaktoren 33

P
Paralyse 38
PEL-Phasenkonformität 60 ff.
Personalpolitik 59
Phasenausprägung 27
Phasenwechsel 20
Planungsmethodik 124
Portionierung 123
Produktidee 60
Produktion 13, 88, 108
Produktionsphase 14
Produktkomplexität 80
Profit-Center 123
Progressive Zielsysteme 46
Projektorganisation 92
Projektplanung 138

Q
Quantensprung 21

R
Rationalisierung 15
Regionalisierung 22
Reorganisations-Marketing 128
Reorganisationsmaßnahmen 120 ff.
Ressourcenmanagement 86
Retardierte Zielsysteme 45

S
Selbstbeschränkung 103
Selbstbestimmung 39
Serienanlauf 93
Sozialismus 14
Strategisches Zielsystem 34
Stufenplan der Reorganisation 122

T
Tabu-Themen 76
Taylorismus 82

U
Überraschungsphase 42
Unternehmensgröße 32
Unternehmenskultur 122
Utopia 40

V
Verantwortliche 127
Verkäufermarkt 14

W
Wachstum 76

Z
Zielorganisation 137
Zielsystem 103

Heintel, Peter /
Krainz, Ewald E.
Projektmanagement
1990, IX, 250 S.,
Geb. DM 68,-
ISBN 3 409 13201 5
Dieses Buch zeigt Perspektiven auf, wie der Widerspruch zwischen entgegengesetzten Organisationsprinzipien in einer Organisation zu handhaben ist.

Oess, Attila
Total Quality Management
1989, 218 S., Geb. DM 68,-
ISBN 3 409 13622 3
Dieses Buch liefert detaillierte Handlungsanweisungen für die Umsetzung im Unternehmen.

Achterholt, Gertrud
Corporate Identity
1988, 208 S., Geb. DM 78,-
ISBN 3 409 13620 7
Nach einer Bestandsaufnahme beschreibt die Autorin theoretisch fundiert und in der Praxis nachvollziehbar wie eine Corporate Identity zu planen, zu organisieren und umzusetzen ist.

GABLER

Management Perspektiven

Führungskräfte in der Wirtschaft stehen täglich vor neuen Herausforderungen. Sie brauchen Visionen, die ihnen den Weg in die Zukunft aufzeigen. Genauso wichtig sind aber auch praktische Handlungsanweisungen, die eine Verbindung vom Heute zum Morgen herstellen.

Gabler Management Perspektiven stellt sich diesem Anspruch, schlägt neue Wege ein, bietet Leitbilder, ohne den Bezug zur Realität zu verlieren. Die Autoren sind kompetente und überaus erfolgreiche Praktiker - oft mit fundierter wissenschaftlicher Ausbildung - , die verständlich und leicht lesbar Trends aufgreifen, Perspektiven eröffnen, eigene Erfahrungen weitergeben und Instrumente für zukunftsorientiertes Handeln liefern. Sie machen Visionen zu erreichbaren Realitäten. Ihre Erkenntnisse können die Leser unmittelbar umsetzen und damit ihr Unternehmen zum Erfolg führen.

Gabler Management Perspektiven sind eine anregende Lektüre für alle Entscheidungsträger, die Chancen der Zukunft für sich selbst und für ihre Unternehmen nutzen und ihrer Konkurrenz einen Schritt voraus sein wollen.

Weitere Informationen erhalten Sie bei Ihrem Buchhändler oder direkt vom Verlag, Taunusstr. 54, 6200 Wiesbaden

Voigt, Jörn F.
Die vier Erfolgsfaktoren des Unternehmens
1988, 202 S., Geb. DM 68,-
ISBN 3 409 13203 1
„... Es erinnert in seiner erfrischenden Sprache und Darstellung sehr an amerikanische Management-Lektüre. Dazu tragen auch die vielen, praktischen Beispiele bei,...."
Die Welt 17.9.1988

Arthur D. Little Intern. (Hrsg.)
Management des geordneten Wandels
1989, 221 S., Geb. DM 68,-
ISBN 3 409 13345 3
„... vermittelt das Buch eine hochkonzentrierte Portion wertvoller Tips und Denkanstöße für Unternehmer. Das ist natürlich eine Empfehlung wert."
Markt & Technik 16.6.1989

Schulz, Dieter u.a.
Outplacement
1989, 180 S., Geb. DM 68,-
ISBN 3 409 13837 4
Outplacement - durchgeführt von kompetenten Beratern - ist die optimale Lösung in einer beruflichen Situation, die keinen anderen Ausweg als die Trennung zuläßt. In diesem Buch wird erstmalig der Gesamtkomplex behandelt.

MIX
Papier aus verantwortungsvollen Quellen
Paper from responsible sources
FSC® C105338

If you have any concerns about our products,
you can contact us on
ProductSafety@springernature.com

In case Publisher is established outside the EU,
the EU authorized representative is:
**Springer Nature Customer Service Center GmbH
Europaplatz 3, 69115 Heidelberg, Germany**

Printed by Libri Plureos GmbH
in Hamburg, Germany